Sayuri's Raw Food Café

Cook Book Series

vol.2

幸せ体質になる腸活レシピ

ヴィーガン・グルテンフリー・ローフード・スーパーフード

田中さゆり

愛とお料理で、心の栄養を満点に満たしてくれた家族に、
食べることの、楽しく創造することの、
シェアすることの喜びを教えてくれた
すべての出会いに、
そしてこの本を手にしてくれたあなたに、
愛と感謝を込めて。

2018年
さゆり

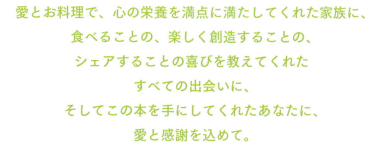

Contents
目次

- 著者について ……………………………… 6
- はじめに ……………………………………… 8
- 腸を整えて幸せを呼び込むとは？ ……… 10
- ローフード イントロダクション ………… 11
- 料理を始める前に ………………………… 12
- ローキッチンに必要な道具と機器 ……… 14
- ローキッチンの常備品とローフードでの代用品 … 16

スムージー＆もどきカクテル

- パワフルチョコ＆マカスムージー／
  ケール＆バナナスムージー …………… 21
- アボガドミルクシェイク／バナナノッグ … 22
- コンブチャモヒート ……………………… 24
- ピナコラーダ／コンブチャサングリア … 25

朝食

- スクランブル"エッグ" …………………… 27
- ナス"ベーコン" …………………………… 29
- スウィートフラットブレッド …………… 31
- カレー"バター" …………………………… 32
- スウィートココナッツ"バター" ………… 33
- フレッシュミューズリー ………………… 35
- チョコレートグラノーラ ………………… 37

サラダ、ドレッシング＆ピクルス

- "グリル"野菜と発芽キヌアのサラダ …… 39
- 海藻サラダwith万能アジアンドレッシング … 41
- ギリシャ風サラダwith"フェタチーズ" … 43
- モロッコ風コールスローサラダwithオレンジタヒニ
  ドレッシング／ウォルドーフ・サラダ … 45
- 南インド風 キュウリとスプラウトのサラダ … 47
- ゴジベリービネグレット／スピルリナドレッシング … 49
- ハイオメガ・セサミジンジャードレッシング／
  スウィートマスタードドレッシング …… 50
- アプリコットビネグレット ……………… 51
- キュウリのピクルス ……………………… 52
- 簡単サワークラウト ……………………… 53

サラダトッピング

- スピルリナクランチ／ふわふわ"パルメザン" … 55
- シェイブド"パルメザン"／
  スーパースピルリナごま塩 ……………… 56
- シードスプリンクル／クリスピーオニオン … 57

メインディッシュ
"チーズ"＆イタリアン

- 基本の発酵"チーズ" ～熟成"チーズ"～ … 59
- 発酵"モッツァレラチーズ"／発酵"フェタチーズ"／
  発酵"チーズ"ログ／発酵"チェダーチーズ" … 61
- 発酵"ブルーチーズ" ……………………… 62
- 発酵なしの簡単"フェタチーズ"／
  発酵なしの簡単"モッツァレラチーズ" … 63
- 3種類のお気に入りピザ
  タスカニーピザ／ガーデンピザ／トマトソースピザ … 65
- ガーデンペスト ～バジルソース～／
  3分トマトソース ………………………… 67
- トルテリーニwithパプリカソース ……… 69
- ビーツラビオリ …………………………… 71
- "グリル"野菜と味噌のバーニャカウダ … 73
- ココナッツのサーモン風刺身カルパッチョ … 75
- カプレーゼ ～トマトと"モッツァレラチーズ"のサラダ～ … 77
- ブルスケッタ ……………………………… 78
- キュウリのチア"キャビア"ボート ……… 79

メインディッシュ
アメリカンダイナー

- ベジバーガー ……………………………… 81
- バーベキューケチャップ／マヨネーズ … 82
- ホームメイドマスタード／
  "チェダーチーズ"スライス ……………… 83
- フライドポテト風ヒカマウェッジーズ … 85
- サンドイッチ ……………………………… 87

メインディッシュ
インド料理

- ゴビマサラサブジ ～カリフラワーとほうれん草の
  ドライカレー～ …………………………… 89
- パラクパニール ～ほうれん草と"チーズ"のカレー～ … 91

ダル ……………………………………………… 93
　　チャパティ 〜インド風フラットブレッド〜 …… 95
　　ペーパードーサ 〜インド風極薄クレープ〜／
　　ココナッツチャツネ ……………………………… 97

メインディッシュ
和食＆チャイニーズフード

　　スーパーのり巻き ………………………………… 99
　　ごま"豆腐" ……………………………………… 101
　　禅うどんヌードル ……………………………… 103
　　中華風春巻き …………………………………… 105
　　バンバンジーヌードル ………………………… 107
　　中華風味噌クレープ巻き ……………………… 109
　　中華風野菜の甘酢あん"炒め"withココナッツヌードル
　　 ……………………………………………………… 111
　　冷やしラーメン ………………………………… 113

メインディッシュ
メキシカンフード

　　ベジファヒータのエンチラーダ ……………… 115
　　ヒマワリの種リフライドビーンズ／チリソース … 116
　　ナチョチーズ／サワークリーム ……………… 117
　　ナチョス ………………………………………… 119
　　メキシカンラザニア …………………………… 121
　　メキシカンビーツパテ ………………………… 122
　　マンゴーサルサ／ワカモーレ ………………… 123

メインディッシュ
中近東＆地中海料理

　　ファラフェル／タヒナソース ………………… 125
　　ハリッサ 〜スパイシーチリソース〜／カレー風味の
　　ハモス 〜中近東のごまペーストディップ〜 … 126
　　パプリカ風味のハモス ………………………… 127
　　地中海風パプリカのナッツ詰め／
　　カシューホワイトソース ……………………… 129
　　タブーレ 〜地中海風パセリのサラダ〜 ……… 130
　　ティロキャフェテリ 〜スパイシー"フェタ"ディップ〜
　　 ……………………………………………………… 131

メインディッシュ
スペイン料理

　　イカリング"フライ"withガーリックマヨネーズ＆
　　スパイシートマトソース ……………………… 133
　　パタタブラバス 〜"フライド"ポテトwithサルサブラ
　　バス〜／サルサブラバス 〜スパイシースペイン風トマ
　　トソース〜 ……………………………………… 135
　　スペイン風オムレツ …………………………… 137
　　デーツの"ベーコン"巻き／
　　ピンチョス 〜ミニオープンサンドイッチ〜 … 139

ディハイドレーションスナック、ブレッド、クラッカー＆ラップ

　　ガーリックブレッド …………………………… 141
　　パンパーニッケル風ブレッド ………………… 142
　　ピザクラスト …………………………………… 143
　　オニオンブレッド ……………………………… 144
　　キャロットクラッカー ………………………… 145
　　トルティーヤラップ …………………………… 146
　　マンゴー（パパイヤ）ラップ／ココナッツラップ … 147
　　基本のケールチップス ………………………… 149
　　照り焼き海苔ジンジャーアーモンド／
　　スティックジャーキー ………………………… 151

デザート

　　チョコバナナクリームパイ …………………… 153
　　ラベンダーチーズケーキ ……………………… 155
　　簡単ブルーベリーシャーベット／
　　バニラアイスクリーム ………………………… 157
　　ジンジャーブレッドクッキー ………………… 159
　　ピーカンオレンジマカ・エナジーボール／
　　ミントスピルリナブリスボール ……………… 161

基本のテクニック

　　ナッツミルク …………………………………… 163
　　ナッツや種の活性化 …………………………… 164
　　フラックスシード＆チアシードの粉末／
　　みじん切りニンニクのオイル漬け …………… 167
　　アイリッシュモス・ペースト／デーツペースト／
　　液体甘味料（シュガーシロップ） ……………… 168
　　ディハイドレーション（乾燥） ………………… 169

　　用語集 …………………………………………… 170

About the Author
著者について

田中さゆり

✤ バリ島"Sayuri Healing Food Café" オーナー
✤ ロー／ヴィーガンフードシェフ＆ローフード講師
✤ 料理本著者

　日本でのワールドワイドデリカテッセンカフェとヴィーガンカフェでの経験をもとに、インドにて5年間のヨガリトリートシェフ、バリ島にて3年間のヨガティーチャートレーニングの専属シェフを務めた後、バリ島に拠点を置き、リトリート企画と運営をはじめる。

　2014年には、ローフードカフェ「The Seed of Life Café」を立ち上げ、2016年には、カフェと料理教室、ヨガスペースの「Sayuri Healing Food」を立ち上げると共に、そこを拠点に、バリ島にて定期的にローフードシェフトレーニングや、リトリートを開催する。

　また、リトリートシェフやローフード講師として、世界中で活躍すると共に、数冊の料理本を出版し、カフェメニューのコンサルタントも手がける。

　自らも長年のヨガの実践者であるため、リトリートではローフードやヴィーガンフード、マクロビオティック等、ヨギーや個人のニーズ、必要に応じての料理を得意とし、心も体もハッピーで健康になる食事を提供する。

　カフェ事業、料理教室やトレーニングを通して、人々に健康的で、地球にも、地球の未来にとっても継続可能な意識の高いライフスタイルを提案し、個人の再発見／再確認と、その肉体と心と精神の癒しと、個々の人生の旅をサポートすることに情熱を注ぐ。

　彼女曰く、"ロー・リビング・フードのお料理は、フレーバーのバランスと、食感と色彩がすべてです。遊び心をもって、楽しく創造力を養いましょう、その楽しさと、インスピレーションと、あなたの愛が、お料理を、心の栄養満点にしてくれるのです。"

www.sayurihealingfood.com
info@sayurihealingfood.com
FBページ：Sayuri Healing Food
インスタグラム：sayuri_healing_food

Foreword
はじめに

　ヘルシーな食生活とライフスタイルを長続きさせる秘訣は何でしょう？ なんだかややこしそうなローフード、いったい何から始めたらよいのでしょう？

　まず、ハイパワーブレンダーを手に入れることです（笑）！ でも案外冗談ではなく、あなたのやる気を引き出し、ローフードライフを簡単で楽しいものにしてくれるでしょう。喜びをもって食事を創造し、いただくことはとても大切です。しかもそれを長続きさせるには、やはり簡単、シンプルでなくては！ お気に入りのグリーンスムージーから始めて、仕事場やヨガに持って行き、友達や同僚とシェアしましょう。台所で、スプラウトを育ててみるのもおすすめです。たとえ都会暮らしであっても、あなたの小さなキッチンガーデンが、自然の不思議と魅力を再発見できるよいきっかけになるでしょう。

　マイナスするよりもプラスすることから始めましょう！ 精神的にマイナスすることで、気づかないうちにストレスがたまってしまいかねません。毎日のスムージーにスーパーフードをプラスしたり、サラダにサラダスプリングをトッピングしたり、もしくは単に、毎日の食事にグリーンサラダを加えてみてはどうでしょう。自然にあなたの食欲と渇望は健康的な選択肢にシフトしていくはずです。そしていつか、私がそうであったように、昔は必要と感じていたものの必要性がなくなるときが訪れるかもしれません。

　食べているものに充実感、喜び、愛を感じることはとても大切です。罪悪感や後悔は、体によくない食べ物を食べるよりもネガティブな影響を与えかねません。もしジャンクフードやあまりよくないものを食べる機会が与えられたならば、少なくともそれに、充実感、喜び、愛を感じましょう。もしあなたの愛する人が、あなたのためを思って食事を提供してくれたなら、たとえどんなものでも、愛と感謝をもっていただきましょう。私たちの体と心と精神は、悪いものでも捉え方によってポジティブなものにしたり、食べ物のパワーを変えたりする力を持っていると私は信じています。怒りや悲しみを感じているときは、食べるのをやめましょう、なぜなら、必要として食べるのではなく、その感情を満たす、又は鈍くするために食べるというパターン（習慣）が形成されるからです。おいしくないけれど、体によいから食べるというのは、決して長続きしません。体重が減るまで食事を制限しても、どうしてもうまくいきません。なぜなら常に心身がストレス状態にあり、体は常にリアクション（リバウンド）を生みます。体調不良であるときは、食べないのが一番です。なぜなら、私たちの体は元々自ら癒す力を持っており、食べ物を消化するための重労働となる余分なエネルギーをストップすることで、その自己治癒の可能性を最大限に引き出せるからです。エキサイティングで魅力的な食事を作るために、あなたの創造力をフルパワーに開花させましょう。あなたの作り出す食事はあなたの人となりの反映です。ですから、セクシーで、ジューシーで、見た目にも美しく素敵な料理を作りましょう。

　ゆっくりと、一歩一歩進みましょう。ローフードが初めての場合は、サラダだけでなく、満足感を満たすボリュームのあるローフードやヘルシーフードを取り入れて、段階的な変化を目指しましょう。過程が結果よりも重要であることは人生において多くあります。急ぐ必要はありません。一日で達人になること

はできません。もしあなたが、すべてのヨガのポーズを一日で詰め込んだなら、次の日には、体中が痛くてもう二度とヨガをしたいと思わなくなるかもしれません。食事も同じです。なぜなら、食べるという行為は、ヨガがそうであるように、宇宙とのバランスを保ち、意識の変化と進化をもたらす一つの手段としての可能性を持っているからです。

　一歩一歩。進化は一日では訪れません。あなた自身の内なる変化を意識し、観察しましょう。以前よりも少しずつ、繊細な変化に気付くようになりましょう。意識を持って食事をすることは、あなた自身と食事との関係はもちろん、身の周りに起こることとの関係、さらにはこの地球上で起こっていることとの関係までもを発見するきっかけとなることでしょう。

　あなたが本当に必要なものは何なのか、内なる声にしっかりと耳を傾けましょう。日常生活にはあまりにも雑音が多く、内なる声を聞き取ることは容易ではありませんが、答えは常にあなたの内にあります。あなたはあなた自身のための最良のお医者様なのです。なぜなら、一番にあなたの心身を知っているのは、誰でもなくあなたであるから。人それぞれ必要なものは違います。そしてまた、それはあなたの気持ち、感情、季節や環境等によっても変化します。臨機応変に、あなたに合った方法を見つけましょう。

　たとえ失敗したと思っても、それをあるがままに受け入れましょう。それ自体悪いということは全くなく、あなたがその体験を得たという意味において、実はそれは大成功なのです！　すべては経験であり、その過程に価値があると私は考えます。

　たかが食べ物だと思うかもしれませんが、その"単なる食べ物"が、その体験を持って、どれだけ多くのことが関わっているかに驚かされることでしょう。それは、その瞬間にあなたの周りに起こっているすべての出来事と関わっています。

　周りの人と経験をシェアし、その人たちのために食事を作り、みんなを巻きこんで新しい変化を起こしましょう。そうすることで自分自身を深く見つめなおし、自然との調和を取り戻し、心に平穏と健康をもたらしましょう。私たちの波長が宇宙のエネルギーに合っていれば、私たちの体・心・精神は、必要に応じてかつパーフェクトに機能します。もし、毎日のごはんが、自然と調和する最もシンプルかつ簡単な手段であるとすれば、よいものを口に入れようと考えるのは必然ではありませんか？

What's "Happy tummy"?

「腸を整えて幸せを呼び込む」とは？

　あなたの脳とお腹は繋がっています。つまり思考や思いと腸内環境は、密接な関係にあるのです。お腹の中にいる100兆もの細菌（微生物）がハッピーであれば、お腹の中にたまったいらないものを出して、善玉菌がたくさん働いてくれます。そうすることで、私たちの脳にもハッピー信号が送られ、気持ちがポジティブになり、幸せオーラが生まれます。

　ローフードは、野菜や果物、種やナッツに火を入れないことで、酵素やビタミン＆ミネラルはもちろん、それらがもつ常在菌も同時に取り入れることができます。私たちの肌にも常在菌がいるように、野菜にも常在菌があるのです。その土地で取れる野菜の常在菌は、その土地に住む人々の腸内細菌と仲良しです。発酵食品はもちろん、できる限り自然に近い形で食べものをいただくことで、自然に多くの整腸作用をもたらす菌を取り込むので、"腸活"にはおすすめです。

　抗酸化物質やファイトケミカル、健康維持に不可欠な必須アミノ酸等の栄養成分は、熱に弱いものが多いため、ローフードでいただくことで、美容とアンチエイジングに多くのメリットをもたらします。さらに、野菜をたくさん取り入れることは体の酸とアルカリのバランスをよくするため、腸内環境を整え、便秘を改善し、お肌の調子も整えてくれます。

　あなたのお腹の中の声に耳を傾けて、本当の自分の気持ちに気づき、優先させましょう。真の答えは、外にではなく、頭でもなく、お腹の中にあるのです。そこにある本当の自分の思いに沿って生きていくことで、自然に幸せ体質をもたらし、それは体の全細胞に働きかけ、綺麗を作ります。綺麗の法則と幸せの法則はここから始まるのです。新鮮な野菜や果物をできる限り自然な形でとりいれた新しく、実は昔からある腸活法で、あなたがあなたらしく、楽しく、活き活きと内面から輝いて生きていける「幸せ体質」に変わるおいしいヒントと腸活レシピがたくさん詰まった一冊になっています。

Raw Food Introduction
ローフード イントロダクション

　"食べ物が人となりをつくる" という古い言い伝えがあるように、私たちが口にするものは、私たちのつくり上げる現実に大きな影響力を持っています。そう考えると、新鮮で、ジューシー、セクシー、ピュアで、色鮮やかな、波動の高い食べ物を取り入れたいと思いませんか？ 食べ物の持つ波動が高いほど、あなたの輝きは増すはずです！

　生の、生きた果物や野菜、海藻、ナッツや種、48℃以下で調理された、未加工の、できる限り無農薬又は自然農で育った食べ物は、高い栄養密度と波動を持ちます。高い波動とは、生命力や気、プラーナの高さとも解釈できます。それらには、酵素や、必須アミノ酸や必須脂肪酸、ビタミンやミネラル等の大切な栄養素、植物栄養素（ファイトケミカル）や抗酸化物質等をたくさん含みます。

　このような食生活は、体の排出能力と再構築・自己治癒能力を養ってくれます。気分よく、エネルギーにあふれ、心身ともにバランスが取れた状態に導いてくれます。心も軽くハッピーになりますよ。あなたの人生は、より若々しく、美しく、輝きのあるものになるでしょう。本当の自分と向き合うきっかけと、地球上のすべての生きとし生けるものとの繋がりを感じるきっかけともなるでしょう。

　自分のペースで、できる範囲で、バランスを保ちながら、あなたの食事にローフードを取り入れることによって訪れる新しい意識の変化は、あなたの人生を豊かにし、あなたの可能性を最大限に活かし、さらなる精神レベルへともたらしてくれるはずです。

Important Notes Before Starting

料理を始める前に

🌸 計量基準について

1カップ	200ml（cc）	
2/3カップ	約130ml（cc）	
1/2カップ	100ml（cc）	
1/3カップ	約60ml（cc）	大さじ4
1/4カップ	50ml（cc）	
	15ml（cc）	大さじ1
	5ml（cc）	小さじ1

 Memo 1 本書では、ナッツや種の分量はすべて浸水前の分量です。浸水後に計量する場合は、浸水によりかさが増すため1.2〜2倍で計算してください。（ナッツや種のそれぞれの浸水後の算出はP166テクニック章の発芽時間表参照）

 Memo 2 ドライトマト、ナッツパルプ、ナッツフラワー、発芽させた豆・キヌア・そばの実等、商品によって又は作り方によって重さが異なるものの計量は、重さでなく容量で示しています。

 Memo 3 レシピで、浸水の指示がない場合は、ドライの（乾燥した）ナッツを使うという意味です。理想的には活性化しているナッツを使うことで、最大限の栄養素や生命力を取り入れることができるので、できれば、一度浸水させてから、ディハイドレーター又は、天日で、完全に乾燥させてから使うことをおすすめします。（詳しい説明は、P164テクニック章のナッツや種の活性化を参照）

 本書では料理を簡単に楽しんでもらえるよう、計量はほとんど計量カップと計量スプーンを使用しています。

 私が海外で作ったレシピを日本語に訳したものなので、海外の基本の計量（1カップ=250ml）を日本の計量カップでの計算に置き換えています。そのため時々1/3カップ、2/3カップ等の計量がでてくるので、1/4、1/2に加え、1/3、2/3のラインが入った計量カップがあると便利です。おすすめはOXO（オクソー）の計量カップです。上から数字が見やすく便利です。なければ上記の表よりml（cc）で計算してもよいでしょう。

OXOの計量カップ

Equipment And Fun Gadgets

ローキッチンに必要な道具と機器

🌼 基本の道具

◆ ナイフとまな板

◆ ゴムベラとオフセットスパチュラ

◆ ボウルとザル

◆ 計量スプーンと計量カップ、はかり

◆ 泡立て器

◆ ピーラー

◆ スライサー

◆ スパイラルスライサー（スパイラライザー）
菜麺器ともいわれ、いろいろな野菜を麺状にすることができます。
特にお子様と料理するには安全で楽しい道具です。

◆ ケーキ型、パイ型
この本では直径23cmの型を使用。半量で作る場合は直径18cm。

◆ セルクル（大きめの丸いクッキー型でもOK）
熟成チーズを作るのに使います。

◆ ナッツミルクバッグ又はガーゼ布やさらし
ナッツミルクを作るのに活躍します。

◆ スプラウト用に、広口ガラス瓶とメッシュスクリーン

◆ 簡単で、お気に入りのレシピ本

オフセットスパチュラ

メジャーカップ

スライサー

スパイラルスライサー

ケーキ型

パイ型

セルクル

ナッツミルクバッグ

広口ガラス瓶

メッシュスクリーン

❋ 基本の機器

◆ ハイパワーブレンダー又はミキサー

スムージー、クリーム、スープ、ドレッシング等に。私はほとんどのことをこれで済ませます。「バイタミックス」や「ブレンテック」といったメーカーのハイパワーブレンダーがおすすめです。特にローフードのレシピには一番出番の多い必須道具です。

◆ フードプロセッサー

「クイジナート」「キッチン・エイド」といったメーカーをおすすめします。パテやペースト、ケーキやクッキー等の行程を簡単にしてくれます。

◆ ディハイドレーター

「エクスカリバー」「セドナ」「ドライフードエアー」といったメーカーをおすすめします。活性化したナッツや種を乾かすのに有用なだけでなく、クラッカーやパン、クッキー等の手軽な食べ物を作ることができ、創作力を広げてくれます。付属のメッシュシートで事足りるときもありますが、液状のものや、目の細かいものを乾燥させるときは、ノンスティックシート（材料がくっつかないオーブンシートのようなもの。一般的に別売り）がないと作れません。ノンスティックシートで片面を乾燥させたら、メッシュシートに移してもう片面も乾燥させます。

ブレンダー
（ブレンテック）

ブレンダー
（バイタミックス）

フードプロセッサー

ディハイドレーター

機器入手先

◆ **ハイパワーブレンダー**
バイタミックス：www.vita-mix.jp
ブレンテック：blendia.jp

◆ **フードプロセッサー**
クイジナート：www.cuisinart.co.jp
キッチンエイド：www.kitchenaid.jp

◆ **ディハイドレーター**
エクスカリバー、セドナ、
ドライフードエアー：
www.rawfood-lohas.com

❋ あったらいいもの

◆ ジューサー

この本では使用しませんが、ヘルシーライフスタイルを保つためのマストアイテム。低温圧搾絞りをおすすめします。毎日の朝のスタートをジュースで！

◆ サラダスピナー

水分をよく切ると、ドレッシングが絡みやすく、いつものサラダの仕上がりに大きな差がつきます。

サラダスピナー

Pantry and Raw Alternatives
ローキッチンの常備品とローフードでの代用品

　ローフードに必要な材料を一読して、ちょっと無理かもなんて思わないで。大丈夫、少しずつそろえていけばよいのです。まずは作りたいレシピに必要なものをそろえましょう。そのうちに、ローフードで鍵となる必須アイテム（例えば、レシチンやアイリッシュモス等）、地元で入手しやすいもので代用可能なアイテム等が見えてきます。

　レシピの手順を最初に一読することはとても大切です。なぜなら、ローフードの調理には、浸水やディハイドレーション（乾燥）等、前もって（ときには前日から）準備をしないといけないものが案外たくさんあるからです。

　もしも、なにかのアイテムが見つからなくても、がっかりしないでください。あなたの創造性を試す素晴らしいチャンスなのですから。新しいオリジナルレシピの発明となるかもしれませんよ。

　以下に、基本の常備品リストの例を示します。

❀ 塩味

塩や岩塩（未精製の自然塩）、ブラックソルト、スモークソルト、生醤油又はたまり醤油、白味噌、赤味噌等

＊ブラックソルトは硫黄の含有率が高く、卵のような味がします。日本では、「コエンザイムソルト」という商品名としても知られています。
＊生醤油は、殺菌処理をされていない醤油です。製造工程では大豆を加熱していますが、発酵させたときの酵素が生きています。小麦アレルギー対応用には、たまり醤油で代用します。
＊味噌も製造工程では大豆を加熱していますが、殺菌処理されていない味噌は、生きた酵素と体によいバクテリアを含みます。白味噌はチーズ風味を、赤味噌は肉の風味を出すために活躍します。

ブラックソルト　　　生醤油　　　味噌

❀ オイル、バター

オリーブオイル、ごま油、白ごま油、ココナッツオイル、フラックスシードオイル（亜麻仁油）、アーモンドバター、白練りごま（タヒニ）、ココナッツバター、カカオバター等

＊オイルは未精製、低温圧搾のものを選びましょう。この本では、お菓子作りにはココナッツオイルやくせの少ない白ごま油を使用しています。
＊フラックスシードオイル、チアシードオイル、ヘンプシードオイルは、オメガ3＆6不飽和脂肪酸をバランスよく豊富に含みます。酸化しやすいので、冷蔵又は冷凍で保存しましょう。

ココナッツオイル　フラックスシードオイル（亜麻仁油）　アーモンドバター　白練りごま（タヒニ）　ココナッツバター　カカオバター

🌸 酸味

りんご酢、バルサミコ酢、米酢、レモン汁等

＊市販のレモン汁を購入するときは、濃縮還元でない"ストレート"のものを選びましょう。

🌸 甘味料

蜂蜜、デーツ、メープルシロップ、ココナッツシュガー、ココナッツネクター（液体ココナッツシュガー）、玄米水飴、甜菜糖、きび砂糖、メスキート、ルクマ、ヤーコン、ステビア等

ココナッツシュガー　メスキートパウダー　ルクマパウダー　ヤーコンシロップ

＊出来る限り未精製の甘味料を選びましょう。蜂蜜、デーツ、メスキート、ルクマ、ヤーコンは、生のものも手に入ります。メープルシロップ、ココナッツシュガー、玄米水飴、甜菜糖、きび砂糖は、多くの場合加熱処理されていますが、入手しやすいので、できる限り未精製のものであれば栄養素も残っているので、必要に応じて使用してください。

＊この本では、それぞれのレシピに特定の甘味料を使用していますが、あなたの好みや必要に応じて自由に使い分けてください。ただし、蜂蜜はなかなか乾燥しないので、ディハイドレーターにかけて歯ごたえよく仕上げたいときは、デーツペーストやメープルシロップをおすすめします。また、甘味料はココナッツネクターで統一していますが、入手しやすいメープルシロップに変更も可能です。

🌸 穀物

キヌア、そば、ワイルドライス等

＊キヌア、そば、ワイルドライスは、厳密には穀物ではありませんが、穀物のように使うため、疑似穀物と呼ばれます。ローの調理では、浸水して発芽させ、活性化してからいただきます。

 "ライス"、"クスクス"、"ひきわり小麦"等に見立てるには、ヒカマやカリフラワー、スプラウトしたキヌアを使用します。"パスタ"、"うどん"、"そうめん"、"ライスヌードル"、"春雨"風にするには、ズッキーニを麺状にしたものや、ケルプヌードル、ココナッツの果肉を千切りにしたもの等を使います。

🌸 粉（小麦粉の代用品）

ココナッツフラワー、そば粉、粉末にしたアーモンド、粉末にしたカシューナッツ、ナッツパルプ（ナッツミルクを作った後の搾りかす、テクニック章参照）等

＊これらは小麦粉の代用品として使えます。小麦なしのグルテンフリーです。ナッツパルプ、ナッツフラワーは、商品や作り方によって重さが異なるため、本書では、計量は、重さでなく容量で示しています。

🌼 豆

ひよこ豆、小豆、レンティル、緑豆等

＊浸水し、発芽させてから使います。ローでは主にサラダに取り入れていただきます。

 ローで豆の食感を出したいとき、ヒマワリの種やクルミが活躍します。

🌼 ナッツや種

アーモンド、ブラジリアンナッツ、カシューナッツ、ココナッツ、マカダミアナッツ、松の実、カボチャの種、ヒマワリの種、ごま、クルミ等

 カシューナッツとマカダミアナッツは、チーズやクリームの食感と風味を出してくれるので、乳製品の代用として特に活躍します。

🌼 ミルク

ナッツやシードミルク

 ナッツやシードミルクで作るミルクは、牛乳、豆乳、ライスミルクの代用となります（作り方はP163テクニック章参照）。

🌼 ドライフルーツ

デーツ、レーズン、イチジク、クランベリー、アプリコット、チェリー、マルベリー、タマリンド、クコの実等

＊無漂白のものを選びましょう。

クコの実

🌼 発芽用の種

ヒマワリ、アルファルファ、ブロッコリー、ラディッシュ、マスタード、クローバー等

🌼 スパイス

バジル、オレガノ、タイム、ローズマリー、ディル、コショウ、クミン、コリアンダー、チリパウダー（唐辛子粉）、粗挽き唐辛子粉、スイートパプリカ、スモークパプリカ、チポレ、オニオンパウダー、カレー粉、ターメリック、シナモン、ナツメグ、カルダモン、クローブ、ラベンダー、ローズ等

🌼 とろみをつけるもの、つなぎとなるもの

アイリッシュモス、粉末にしたフラックスシード、粉末にしたチアシード、サイリウムハスクパウダー（オオバコパウダー）等

＊アイリッシュモスは海藻の一種で、ドレッシングやスムージーにとろみをつけたり、ゼラチンや寒天の代わりに、火を通さずにデザートを固まらせる際に使います。
＊生地のつなぎには、粉末にしたフラックスシード、粉末にしたチアシード、サイリウムハスクパウダー（オオバコパウダー）を使います。

アイリッシュモス

フラックスシード

チアシード

サイリウムハスクパウダー（オオバコパウダー）

> **Memo** アイリッシュモスが手に入らない場合、100%ローにはなりませんが、寒天で代用してもよいでしょう。アイリッシュモスペースト1/2カップ分は、寒天粉小さじ1/2を沸騰したお湯1/2カップで約1分煮溶かした液体で代用できます。

✺ その他＆スーパーフード

ニュートリショナルイースト、レシチン、ドライトマト、オリーブ、プロバイオティクス、スーパーフード（スピルリナ、マカ、カカオ、クロレラ等）、フレーバーエキストラクト（バニラ、チェリー、コーヒー等）、高品質のエッセンシャルオイル（オレンジ、ペパーミント等）、海藻（ケルプヌードル、あらめ、ダルス（ふのり）、ひじき、昆布、海苔、わかめ等）

＊ドライトマトは商品によって重さが異なるため、本書では、計量は容量で示しています。
＊ニュートリショナルイーストは生ではありませんが、チーズ風味を出すのに活躍します。
＊レシチンは油と水を乳化させ、より滑らかにするために使用します。

ニュートリショナルイースト　　レシチン　　プロバイオティクス　　ケルプヌードル
あらめ　　ダルス（ふのり）　　ひじき　　昆布　　海苔　　わかめ

食材入手先

◆ ローフード、オーガニック食材、スーパーフード、ナッツ＆シード、ドライフルーツ

www.livinglifemarketplace.com
www.rawfood-lohas.com
www.amazon.co.jp
www.jp.iherb.com
www.naturalhouse.co.jp
store.alishan.jp
www.ohsawa-japan.co.jp
www.lima.co.jp
www.rakuten.co.jp/natshell

◆ ココナッツの果肉

thaimart.jp
thaifoodmarket.jp

◆ バニラエキストラクト

www.alishan-organics.com
www.naturalhouse.co.jp
www.cuoca.com

◆ メディシンフラワーのフレーバーエキストラクト

www.medicineflower.com/flavorextracts.html

◆ ドテラエッセンシャルオイル

www.doterra.com

◆ ヤングリビングエッセンシャルオイル

www.youngliving.com

Smoothies and Mocktails

スムージー＆もどきカクテル

パワフルチョコ&マカスムージー

チョコレートとバナナのパーフェクトコンビネーション。このデリシャスドリンクで、一日のフルパワーチャージをしましょう。

材料 2～3人分　　**必要器具** ブレンダー（ミキサー）

お好みのナッツミルク（→P163テクニック章参照）	2・1/2カップ（500ml）
冷凍したバナナ	3・1/2カップ（540g）
カカオパウダー	大さじ2
マカパウダー	小さじ2
ココナッツネクター又はお好みの液体甘味料	大さじ1

1. すべての材料をブレンダー（ミキサー）で滑らかになるまで撹拌する。

> **マカ**は滋養強壮、精力増強、ホルモンの活性化とエネルギー・スタミナの向上に役立つとされています。

ケール&バナナスムージー

青汁の原料の一つとしておなじみのケールや緑の濃い葉野菜は、良質のプロテイン、ビタミン、ミネラル、食物栄養素、抗酸化物質の宝庫です。体の酸とアルカリのバランスを整え、日々の健康維持として毎日食生活に取り入れたい野菜です。

材料 2～3人分　　**必要器具** ブレンダー（ミキサー）

ケール	2・1/2カップ分（130g）
→代用品：ほうれん草又はほかの緑の野菜	
冷凍したバナナ	3・1/2カップ（540g）
ヘンプシード	大さじ2
水	2・1/2カップ（500ml）

1. すべての材料をブレンダー（ミキサー）で滑らかになるまで撹拌する。

アボガドミルクシェイク

アイ・ラブ・アボカド！クリーミーなアボガドは、ナッツミルクとバナナとの相性抜群！
デザートのような感覚で、一度飲んだらはまりますよ。

材料 2～3人分　　**必要器具** ブレンダー（ミキサー）

アボガド	1/2個（75g）
冷凍したバナナ	2・1/2カップ（360g）
お好みのナッツミルク（➡P163テクニック章参照）	2・1/2カップ（500ml）
ココナッツネクター又はお好みの液体甘味料	大さじ1～2

1. すべての材料をブレンダー（ミキサー）で滑らかになるまで撹拌する。

バナナノッグ

エッグノッグとは、アメリカではクリスマスに必ず登場する、卵、スパイス、ラム酒の入った
ミルクセーキのような飲み物です。卵の代わりにバナナを使うので、バナナノッグと名付けました。
凍らせたバナナとデーツがコクを出し、ラムフレーバーとスパイスが特別なドリンクにしてくれます。

材料 2～3人分　　**必要器具** ブレンダー（ミキサー）

冷凍したバナナ	3・1/2カップ（360g）
お好みのナッツミルク（➡P163テクニック章参照）	2・1/2カップ（500ml）
デーツ（刻む）	大さじ2～3
ラム酒	小さじ1/2
➡代用品：メディシンフラワーのラムエキストラクト 1～2滴（➡下記メモ参照）	
シナモン、ナツメグパウダー	各小さじ1/2

1. すべての材料をブレンダー（ミキサー）で滑らかになるまで撹拌する。

Memo
私はその品質のよさから、「メディシンフラワー」のブランド（下記URL参照）をよく使います。ラムフレーバーにはアルコールが少々含まれていますが、高度に濃縮されているため、このレシピにはほんの1～2適程で十分。
www.medicineflower.com/flavorextracts.html

Smoothies and Mocktails 23

コンブチャモヒート

ミントとライム、ソーダの効いた爽やかな飲み物です。

材料 3〜4人分

ミントの葉	1カップ（約25g）
ライム汁	大さじ2
手作りのコンブチャドリンク又は市販のもの	1ℓ
お好みの甘味料	少々（オプション）
炭酸水	1/2ℓ

1. すり鉢でミントの葉を細かくし、甘味料と炭酸水以外のすべての材料を混ぜる。
2. コンブチャの酸味に合わせて甘味料（オプション）を加える。
3. グラスに注ぎ、いただく直前に炭酸水を注ぐ。

Memo

コンブチャ（紅茶キノコ）とは、酢酸菌と各種酵母の共生体（スコビー：SCOBY）に砂糖を加えた紅茶や緑茶のことで、ゼラチン質のキノコのような微生物集団を漬け込み発酵させた飲み物。発酵の過程により、乳酸菌、酵素、ビタミンB群がつくられ、体の調子を整え、解毒、免疫強化等の効果が期待されるといわれています。

ピナコラーダ

ココナッツミルクとパイナップルで、トロピカル気分満点。
甘くてクリーミーな、デザートのようなドリンクです。

|材料| 3〜4人分　　|必要器具| ブレンダー（ミキサー）

冷凍したパイナップル	3・3/4カップ（660g）
ココナッツミルク（➡P163 テクニック章参照）	3・3/4カップ（750ml）
➡ 代用品：お好みのナッツミルク（➡P163 テクニック章参照）	
バニラアイスクリーム（➡P157 デザート章参照）	4スクープ（200g）
ラム酒	小さじ1/2
➡ 代用品：メディシンフラワーのラムエキストラクト（➡P22 本章バナナノッグのメモ参照）	1〜2滴

1. すべての材料をブレンダー（ミキサー）で滑らかになるまで撹拌する。

コンブチャサングリア

サングリアとは赤ワインをソーダやオレンジジュース等で割って、果物とスパイスをマリネした飲み物です。とても爽やかで、常夏のビーチ気分。私のお気に入りは、桃やプラム等の核果類ですが、季節に合わせてお好みのフルーツをマリネして、いろいろなバリエーションを楽しんでください。

|材料| 3〜4人分

手作りのコンブチャドリンク又は市販のもの（➡P24 本章コンブチャモヒートのメモ参照）	750ml
オレンジジュース	2・1/2カップ（500ml）
ココナッツネクター又はお好みの液体甘味料	大さじ1（オプション）
お好みのフルーツ（プラム、ネクタリン、桃、オレンジ等）	1個（さいの目切り）
りんご	1/2個（さいの目切り）
クローブ	2〜3個
シナモンスティック	2〜3本
ショウガ（薄切り）	2〜3枚

1. すべての材料をガラスの瓶に入れ、冷蔵庫で一晩寝かせる。
2. いただく前にクローブとシナモンスティックとショウガを取り出す。

Breakfast
朝食

スクランブル"エッグ"

味も見た目も本物のスクランブルエッグのような驚きの一品！
秘密は、浸水したカシューナッツとフレッシュコーンがその食感を出し、
ブラックソルトを入れることで卵のような味を引き出します。革命的！

材料 4人分　　**必要器具** フードプロセッサー

カシューナッツ	1・1/4カップ（130g）（計量後浸水）
とうもろこしの実又は冷凍コーン	1・1/4カップ分（170g）（冷凍の場合は解凍）
にんにく	1片（みじん切り）
オリーブオイル	大さじ4
ニュートリショナルイースト	大さじ1
生醤油	大さじ1
オニオンパウダー	小さじ1
イタリアンドライハーブミックス	小さじ1
粗挽き黒コショウ	小さじ1/2
ブラックソルト（→P16 ローキッチンの常備品章参照）	小さじ1/2
→ 代用品：なければ通常の塩を使用	
ターメリックパウダー	小さじ1/4
サラダほうれん草	5カップ分（200g）（オリーブオイルと塩で軽く和える）
トマト（種を取りさいの目切り）	1・1/4カップ分（180g）

1. フードプロセッサーでカシューナッツを回し砕く。
2. 米粒よりやや小さめになったらストップし、ボウルに移しておく（歯ごたえを残すために回しすぎないように注意する）。
3. フードプロセッサーで、ほうれん草とトマト以外のすべての残りの材料を加えて回す。
4. カシューナッツを加えて、軽く回し、ボウルに移す。
5. ほうれん草とトマトを加えて軽く和える。

ナス"ベーコン"

味付けと食感を使って、遊び心で作りました。

材料 15〜25枚分　**必要器具** ディハイドレーター

長ナス	大4本（縦に、幅0.6cmの薄いスライス）
オリーブオイル	大さじ8（120ml）
ニンニク	1片（みじん切り）
ココナッツネクター又はお好みの液体甘味料	大さじ1
レモン汁	大さじ1
オニオンパウダー	大さじ1
生醤油	大さじ1
フレッシュタイム（みじん切り）	小さじ2
→ 代用品：ドライタイム	小さじ1
スモークパプリカ	小さじ1
→ 代用品：なければ通常のパプリカを使用	
薫製塩	小さじ1
→ 代用品：なければ通常の塩を使用	
クミンパウダー	小さじ1
カイエンペッパー	小さじ1/4

1. ボウルにナス以外のすべての材料を混ぜ合わせる。
2. ナスを加えて手でよくスパイスと油をなじませる。
3. ディハイドレーターのノンスティックシートに、ナスが重ならないように並べる。
4. 41℃のディハイドレーターで、4〜6時間程乾燥させる。
5. メッシュシートに反転し、程よい固さに乾くまで2〜3時間乾燥させる。

Variation ・応用・

「アスパラガスの"ベーコン"ロール」
1. アスパラガスは、5〜6cmの長さにカットし、オリーブオイルと塩で和え、41℃のディハイドレーターで1時間程乾燥させる。
2. アスパラガス3〜4本ずつをナス"ベーコン"でまいて、爪楊枝で止める。

スウィートフラットブレッド

あっさりとした甘味のある、とても軽いクラッカーのような感覚です。
お好みの"バター"をつけて、おしゃれな朝ごはんやスナックに。

材料 約1トレイ（16個）分　　**必要器具** フードプロセッサー、ディハイドレーター

ピーカンナッツ	2/3カップ（130ml）（60g）（計量後浸水）
レーズン	2/3カップ（130ml）（75g）
ナッツパルプ（ナッツミルクを作った後の残りかす）	2・1/2カップ
ココナッツオイル（固まっていたら溶かす）	大さじ2
デーツペースト（→P168 テクニック章参照）	大さじ2
塩	小さじ1/2
シナモンパウダー	小さじ1/2
粉末にしたフラックスシード（→P167 粉末の仕方はテクニック章参照）	大さじ6
水	2・1/2カップ

1. フードプロセッサーで、ピーカンナッツとレーズンを細かくなるまで回し、砕く。
2. 残りのすべての材料を加えて回す（完全に混ざらない場合はボウルに移して、よく混ぜ合わせる）。
3. ディハイドレーター用のノンスティックシート1枚に、均等に広げる。
4. 16個の正方形になるように、スパチュラ又は包丁の背で、縦と横に3本ずつの線を入れる。（又はお好みのサイズになるように線を入れる）。
5. 41～46℃のディハイドレーターで表面が完全に乾燥するまで、約8時間乾燥させる。
6. 表面が完全に乾燥したらメッシュシートを反転し、完全に乾くまで乾燥させる。

カレー"バター"

気をつけないと、バターを塗ったパンを食べているのか、山盛りの"バター"を食べているのか、わからなくなっちゃうくらい、私のお気に入りです。

材料 2/3カップ分　　**必要器具** ブレンダー（ミキサー）

ココナッツオイル（固まっていたら溶かす）	大さじ4
オリーブオイル	大さじ4
ココナッツネクター又はお好みの液体甘味料	大さじ1
レシチン	大さじ1
カレー粉	小さじ1
ターメリックパウダー	小さじ1/8（色づけのためのオプション）
塩	小さじ1/2
水	大さじ2

1. すべての材料を、ブレンダー（ミキサー）でレシチンが完全に溶けるまで撹拌する。
2. 容器に流し込み、冷蔵庫で1時間程固まらせる。

スウィートココナッツ"バター"

シンプルで甘味のある、ココナッツオイルを使ったバターです。
レシチンが乳化剤として活躍し、滑らかで均等な質感を出してくれます。

|材料| 3/4カップ分　　|必要器具| ブレンダー（ミキサー）

ココナッツオイル（固まっていたら溶かす）	大さじ8（120ml）
ココナッツネクター又はお好みの液体甘味料	大さじ2・1/2
レシチン	大さじ1
塩	小さじ1/2
水	大さじ2

1. すべての材料をブレンダー（ミキサー）で、レシチンが完全に溶けるまで撹拌する。
2. 容器に流し込み、冷蔵庫で1時間程固まらせる。

Variation
・応用・

「サンシャイン"マーガリン"」
1. 大さじ2の浸水したクコの実とターメリックパウダーひとつまみを加えて撹拌する。

Breakfast　33

フレッシュミューズリー

スムージーやチアプディングよりしっかりと食べ応えのあるものを朝食に食べたいときにピッタリです。

材料 4人分　**必要器具** フードプロセッサー

りんご（ざく切り）	2・1/2カップ（240g）
お好みのフルーツ（イチゴ、マンゴ、柿等）（小さめにカット）	1・1/4カップ（150g）
お好みのナッツや種（クルミやカボチャの種等）	1・1/4カップ（140g）（計量後浸水）
デーツ（種を取り刻む）	大さじ4（40g）
レーズン	大さじ4（40g）
バニラエキストラクト又はシナモンパウダー	小さじ1
塩	ひとつまみ
オレンジジュース	1/2カップ

[盛り付け]

お好みのナッツミルク又はシードミルク（→P163 テクニック章参照）── 適量

1. フードプロセッサーで、ナッツとレーズンを軽く砕き、ボウルに移す。
2. フードプロセッサーで、りんごを細かくなるまで回し砕き、1に加える。
3. 残りのすべての材料を加えてよく混ぜる。
4. お好みのナッツミルクをかけていただく。

Memo 残ったフレッシュミューズリーをディハイドレーターで乾燥させれば、グラノーラの出来上がりです！

チョコレートグラノーラ

スナックとしてもついつい食べてしまう！"やめられないとまらない"栄養満点の満足朝ごはんです。

材料 7・1/2カップ分　　**必要器具** ディハイドレーター

スプラウトさせたそばの実の発芽（➡下記メモ参照）	4カップ
お好みのナッツ（クルミ、ヘーゼルナッツ等）	2・1/2カップ（280g）（計量後浸水）
お好みの種（カボチャの種、ヒマワリの種等）	2・1/2カップ（280g）（計量後浸水）
メープルシロップ	大さじ8（120ml）
カカオパウダー	大さじ5（40g）
バニラエキストラクト	小さじ1
塩	小さじ1/4
お好みのドライフルーツ（レーズン、クランベリー、刻んだデーツ等）	1/4カップ（120～150g）

[盛り付け]

お好みのナッツミルク又はシードミルク（➡P163 テクニック章参照）　　適量

1. お好みのナッツを小さめにカットする。
2. ドライフルーツ以外のすべての材料をボウルに入れ、よく混ぜる。
3. ディハイドレーター用のノンスティックシート上に均等に広げ、41～46℃で約8時間乾燥させる。
4. メッシュシート上に反転し、ディハイドレーターに戻して完全に乾燥させる。
5. ドライフルーツを加え混ぜ、ナッツミルクをかけていただく。

Variation ・応用・

そばの実スプラウト

材料：乾燥させて4カップ分、又は未乾燥で6～8カップ分

1. 4カップ（500g）のそばの実をよく洗う。
2. 3倍以上の水に約6時間浸す。
3. 浸し水を捨て、きれいにヌメリがなくなるまで根気よく洗い流す。
4. ザルで水を切り、上からタオルで覆って室温に置く。
5. 1日に2～3回、流水でよく洗う。
6. 数日後に小さな"芽"が顔を出したら、"スプラウトさせたそばの実"の出来上がり。

Memo

そのままディハイドレーターで乾燥させて、サラダのトッピングやピザクラッカー、グラノーラ等のレシピに活躍します！

Salads, Dressing, and Pickles

サラダ、ドレッシング
＆ピクルス

"グリル"野菜と発芽キヌアのサラダ

キヌアは栄養価が高く、プロテイン、鉄分、カルシウム等のよい供給源です。
ボリューム満点でサラダはもちろん、メインディッシュとしてもいただけます。チーズ好きであれば、仕上げにお好みで"チーズ"（→P58〜"チーズ"＆イタリアン章参照）を散らしてもよく合います。

材料 4人分　　**必要器具** ブレンダー（ミキサー）、ディハイドレーター

発芽させたキヌア	2カップ（→P165 発芽の仕方はテクニック章参照）
バジル（細かく刻む）	1/2カップ（12g）
オリーブ（種を取り軽く刻む）	大さじ3

[マリネソース]

オリーブオイル	大さじ5
バルサミコ酢	大さじ3
生醤油	大さじ1
塩	小さじ1・3/4
イタリアンドライハーブミックス	小さじ1
コショウ	小さじ1/4

["グリル"野菜]

ナスとズッキーニ	各2個（縦に0.5cmにスライスし、3cmの長さにカット）
赤と黄色のパプリカ	各1個（一口サイズにカット）

[仕上げ]

松の実	大さじ2

1. マリネソース用のすべての材料をボウルで混ぜ合わせる。
2. ナス、ズッキーニ、パプリカをマリネソースで和え、ディハイドレーター用のノンスティックシートに均等に広げる（マリネソースはキヌアを和えるために少し残しておく）。
3. 57℃のディハイドレーターで、1〜2時間乾燥させ柔らかくする。
   （それ以上乾燥を続ける場合は、41〜46℃に温度を下げる）。
4. 残したマリネソースでキヌアを和えておく。
5. マリネしたキヌアに"グリル"野菜、バジル、オリーブを加え混ぜる。
6. 仕上げに松の実を振りかける。

海藻サラダ
with 万能アジアンドレッシング

ガーリックと醤油の効いた万能ドレッシングは、私の一押しです。これさえあれば野菜のマリネ、ケルプヌードル等、何にでも応用の効くオールマイティーソースの完成です。

材料 4人分

[万能アジアンドレッシング]

生醤油	大さじ6
米酢	大さじ3
ごま油	大さじ5
ココナッツシュガーシロップ	大さじ2・1/2
ニンニク	2片（みじん切り）

[サラダミックス]

乾燥ひじき	1/2カップ（24g）（計量後30分浸水）
ワカメ又はアラメ	3/4カップ（16g）（計量後30分浸水）
アボカド	1個（さいの目切り）
トマト	2個（さいの目切り）
お好みのキノコ（エリンギ等）（スライス）	2・1/2カップ（220g）
青ネギ（刻む）	大さじ4
白ごま	大さじ2

1. 万能アジアンドレッシング用の、すべての材料を、ボウルで混ぜ合わせる。
2. アボカドとキノコをドレッシングで和えて、10分程おく。
3. 残りのすべての材料を2に加えてよく和える。

Variation
・応用・

「キヌアと和風の"焼き"ベジサラダ」
本章の「"グリル"野菜と発芽キヌアのサラダ」のマリネソースを全能アジアンドレッシングで代用して作る。

「和風ケルプヌードルサラダ」
ケルプヌードルとお好みの千切り野菜を万能アジアンドレッシングで和える。

ギリシャ風サラダwith "フェタチーズ"

シンプルなハーブ使いと、オリーブとフェタチーズの塩気がシンプルな野菜を引き立ててくれます。
ギリシャ風ビネグレットは、シンプルなドレッシングとして色々なサラダにも使えます。

材料 4人分

[ギリシャ風ビネグレット]

オリーブオイル	大さじ8（120ml）
レモン汁	大さじ3
ドライオレガノ	小さじ2
塩	小さじ1/2
粗挽きコショウ	小さじ1/2

[サラダミックス]

ロメインレタス	1〜2株（約10カップ）（400g）（1口大に手でちぎる）
トマト	2個（大きめ角切り）
きゅうり	1〜2本（大きめ角切り）
赤たまねぎ	1/4個（輪切り）
パプリカ	1個（輪切り）
オリーブ	1/4カップ
クイック"フェタチーズ"又は発酵"フェタチーズ"（➡P61 "チーズ"とイタリアン章参照）	1カップ

1. ギリシャ風ビネグレット用の、すべての材料を、ボウルで混ぜ合わせる。
2. ボウルに（仕上げ用に少しの"フェタチーズ"を残して）サラダミックスのすべての材料を入れ、ビネグレットで和える。
3. 器に盛り付け、仕上げに残した"フェタチーズ"を散らす。

モロッコ風コールスローサラダ withオレンジタヒニドレッシング

新しいコールスローの楽しみ方です。シンプルな刻みキャベツがゴージャスでエキゾチックなサラダに変身します。このオレンジタヒニドレッシングはとても万能でどんなサラダにも合いますよ。

材料 3〜4人分

[オレンジタヒニドレッシング]

オレンジジュース	大さじ8（120ml）
タヒニ又は白練りごま	大さじ4
オリーブオイル	大さじ2
レモン汁	大さじ1
ショウガ（すりおろす）	小さじ2
塩	小さじ1又は適量
シナモンパウダー	小さじ1/2
カレー粉	小さじ1/4

[サラダミックス]

キャベツ	7・1/2カップ分（600g）（千切り）
ニンジン	1本（千切り）
トマト	2個（種を取りさいの目切り）
オリーブ（種を取りスライス）	大さじ4
レーズン	大さじ4（40g）
ミントの葉（軽くみじん切り）	大さじ3〜4

1. オレンジタヒニドレッシング用の、すべての材料をブレンダー（ミキサー）又はボウルで混ぜ合わせる。
2. サラダミックス用の、すべての材料をボウルに入れ、ドレッシングで和える。

ウォルドーフ・サラダ

ウォルドーフ・サラダとは、元々はマヨネーズでりんごとセロリを和えたサラダ。
簡単に作れて、マヨネーズのこってりサラダが食べたいときにぴったりです。
意外な組み合わせが案外癖になるおいしさ！クルミとレーズンがよいアクセントとなっています。

材料 2〜3人分

りんご	2個（さいの目切り）
セロリ	2本（小さめさいの目切り）
レーズン	1/2カップ（80g）
クルミ	1/2カップ（60g）
塩、粗挽きコショウ	適量
マヨネーズ（→P82 アメリカンダイナー章参照）	大さじ4又は適量

1. すべての材料をボウルで混ぜ合わせる。

南インド風
キュウリとスプラウトのサラダ

新しいスタイルのサラダを発見！このサラダは、基本となるスパイス、クミン、ニンニク、カレーリーフをつかった、南インドでは一番ポピュラーな定番のサラダ。カレーリーフは、シンプルな野菜に、独特な香りを加えてくれます。メインとなる野菜はどんなものでもかまいません。千切りにしたビーツや、ニンジン、大根等でも試してみてください。

材料 4人分

[サラダミックス]

キュウリ（さいの目切り）	4カップ (450g)
発芽させた緑豆又はレンズ豆（→P165 発芽の仕方はテクニック章参照）	3・1/2カップ
ドライココナッツ（ブレンダーで細かくしたもの）	1・1/4カップ（100g）
コリアンダー（みじん切り）	大さじ4

[南インド風シーズニング]

ごま油又はココナッツオイル（固まっていたら溶かす）	大さじ4
クミンパウダー	小さじ2
ニンニク	2片（みじん切り）
カレーリーフ	20枚（みじん切り）
→ 代用品：カレー粉 小さじ1	
塩	小さじ2又は適量

[仕上げ]

トマト（小さいさいの目切り）	1/2カップ分（オプション）

1. 南インド風シーズニング用の、すべての材料を、ボウルで混ぜ合わせる。
2. キュウリと発芽させた豆を加えてよく混ぜる。
3. ココナッツとコリアンダーを加えて混ぜる。
4. 仕上げにトマトを散らす。

Memo
カレーリーフは、インド原産でエキゾチックな独特の香りがあり、香辛料として南インド料理によく使われます。カレーリーフとカレー粉とは全く別物ではありますが、カレーリーフがない場合は、省略するか、もしくはエキゾチックなフレーバーを出すためにカレー粉で代用してもよいでしょう。

ゴジベリービネグレット

オレンジ色が鮮やかで、ビタミンたっぷり、抗酸化パワーたっぷりのアンチエイジング
ドレッシングです。クコの実（ゴジベリー）の甘酸っぱさが、葉野菜の苦みとよく合います。

材料 2カップ分　　**必要器具** ブレンダー（ミキサー）

オレンジジュース	1・1/4 カップ（250ml）
クコの実（ゴジベリー）	1/2カップ（75g）
オリーブオイル	大さじ8（120ml）
りんご酢	大さじ4
白味噌	大さじ2
塩	小さじ1
粗挽きコショウ	小さじ1/2

1. クコの実をオレンジジュースに30分浸す。
2. すべての材料をブレンダー（ミキサー）で撹拌する。

スピルリナドレッシング

プロテインシェイクもいいけれど、プロテインドレッシングはいかが？
ドレッシングにスピルリナ？　と思うかもしれませんが、これが意外といけるのです！
スピルリナは藻類なので、サラダに塩気と海の香りが加わり、海苔やわかめのような感覚でいただけます。

材料 2カップ分　　**必要器具** ブレンダー（ミキサー）

オリーブオイル	1・1/4カップ
りんご酢	大さじ4
ココナッツネクター又はお好みの液体甘味料	大さじ2
フラックスシードオイル	大さじ2
スピルリナパウダー	大さじ2
海苔	1/4枚分
塩	小さじ1・1/2又は適量

1. すべての材料をブレンダー（ミキサー）で撹拌する。

ハイオメガ・セサミジンジャードレッシング

私の一番のお気に入りドレッシングです。サラダだけでなく、パスタやライスにかけてもおいしいソースです。ベジタリアンに不足しがちなオメガ3を、おいしく摂取できます。

材料 2カップ分　**必要器具** ブレンダー（ミキサー）

生醤油	大さじ4
米酢	大さじ4
ココナッツネクター又はお好みの液体甘味料	大さじ3
フラックスシードオイル	大さじ2
ショウガ（すりおろす）	大さじ2
白ごま	大さじ3
ヘンプシード	大さじ3
➡ 代用品：白ごま	
水	大さじ6
海苔	1枚

1. 海苔以外のすべての材料をブレンダー（ミキサー）で撹拌する。
2. 海苔を加え、数秒間撹拌する。

スウィートマスタードドレッシング

酸っぱくて甘くてマスタードの香りたっぷりの定番人気ドレッシング。これなら野菜がもりもり食べられます。

材料 1・1/2カップ分

オリーブオイル	大さじ6
ココナッツネクター又はお好みの液体甘味料	大さじ4
りんご酢	大さじ4
ディジョンマスタード又は手作りマスタード（➡ P83 アメリカンダイナー章参照）	大さじ1
塩	小さじ1/2又は適量
粗挽き黒コショウ	小さじ1/4
水	大さじ2

1. すべての材料をボウルでよく混ぜ合わせる。

アプリコットビネグレット

アプリコットの甘酸っぱさと美しいオレンジ色で、いつものサラダをおしゃれに演出してくれます。

|材料| 2カップ分　　|必要器具| ブレンダー（ミキサー）

ドライアプリコット	大さじ8（120ml）（75g）（計量後30分程浸水）
オリーブオイル	大さじ8（120ml）
りんご酢	大さじ2
塩	小さじ1
水	大さじ8（120ml）
フレッシュタイム	小さじ1・1/2

➡ 代用品：ドライタイム 小さじ1/2

1. タイム以外のすべての材料を、ブレンダー（ミキサー）で滑らかになるまで撹拌する。
2. タイムを加え、数秒間撹拌する。

Salads, Dressing, and Pickles

キュウリのピクルス

缶詰でよく見かけるキュウリのピクルスですが、意外と簡単にお家で作れます。ぜひお試しを！

材料 6〜7カップ分

キュウリ	1kg（縦半分にカットし、1/2又は1/3の長さに切る）
粗塩	大さじ2

[ピクルス液]

りんご酢	1・1/4カップ（250ml）
水	1・1/4 カップ（250ml）
ココナッツネクター又はお好みの液体甘味料	大さじ3
塩	小さじ2
クローブ2〜3本、唐辛子1本、ベイリーフ1枚、ニンニク1片（すべてオプション）	

1. キュウリを粗塩でよくもみ、数分置いておく。
2. キュウリが完全に隠れるように水（分量外）を加え、上に皿をのせて重しをし、冷蔵庫で一晩漬け込む。
3. 翌日、軽く水で洗って水を切る。
4. ピクルス液用の、すべての材料を、ボウルで混ぜ合わせる。
5. キュウリがすべて入るガラス瓶にキュウリを入れ、ピクルス液を加える。（キュウリが液にしっかり浸るように下まで押し込む）。
6. 冷蔵庫で保管する。（キュウリが完全に浸らなくてもOK。その場合は、翌日、まんべんなく漬かるように、瓶を逆さにして保管し直す）。

Memo

一晩で出来上がりですが、冷蔵庫で1ヶ月以上保管可能。

簡単サワークラウト

サワークラウトは、発酵の過程により好細菌がたっぷり。腸を健康にきれいに保つことは、体と心と精神の健康につながります！

材料 5～6カップ分

緑又は赤キャベツ（千切り）	1kg
（最後に表面を覆うために外側の葉2枚程を残しておく）	
塩	20g（キャベツ重量の2％）
キャラウェイシード又はディルシード	小さじ1
レーズン	1つかみ（オプション）
ベイリーフ	1枚
唐辛子	1本（種を取り半分にカット）

1. ボウルにキャベツと塩を入れ、キャベツがしんなりするまで手でよくもむ。
2. 残りのすべての材料を加え、よく混ぜる。
3. 煮沸消毒した広口ガラス瓶に移し、隙間に入った空気を、しっかりと手で押し出す。
4. 表面をカバーするために、残しておいたキャベツの外側の葉をのせ、その上から、瓶内に収まる小さめのお皿（又は小さめの蓋）をおく。
5. お皿の上から水を入れたガラス瓶等の清潔な重しを置き、キャベツが完全に液体に浸かるようにする。
6. 布で全体の瓶を覆い、常温で保存する。
7. 3～10日で、食べごろになる。（20℃の場合5～7日で、25℃の場合3日程で発酵が進み、酸味がでてくる）。
8. それ以降、常温保存可能ですが、酸味がきつくなるので、冷蔵庫で保存してもよい。

Memo

行程を速めるためには、キャベツを塩ともむときに、プロバイオティクス粉末小さじ1/2又はカプセル2個の中身を加えます。2～5日で食べごろになります。

Salads, Dressing, and Pickles

Salad Sprinkles
サラダトッピング

スピルリナクランチ

サラダトッピングとしてだけでなく、チョコレートやデザートの飾りにしたり、
ポッキーのように細長く作ったりと、そのままでも楽しくおいしい！
子供にも大人にも、スピルリナがおいしく食べられる大人気のスナックです。

材料 ディハイドレーターの4トレイ分　　必要器具 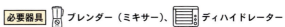 ブレンダー（ミキサー）、ディハイドレーター

カシューナッツ	2・1/2カップ（260g）（計量後浸水）
メープルシロップ	大さじ2
スピルリナパウダー	大さじ2
塩	小さじ1/4
水	180ml

1. すべての材料をブレンダー（ミキサー）で滑らかになるまで撹拌する。（ブレンダー（ミキサー）がきちんと回転するように、水が足りない場合は少しだけ加えて調節する）。
2. スクイーズボトル（又は先を細く切った絞り袋）に入れ、ディハイドレーター用のノンスティックシートに、お好みの形で絞り出す。
3. 41〜46℃のディハイドレーターで、表面が完全に乾燥するまで、約8時間乾燥させる。
4. 表面が完全に乾燥したら、メッシュシートに反転し、完全に乾くまで乾燥させる。

Memo

甘みのないスピルリナクランチがお好みの場合は、メープルシロップを省き、分量の塩をさらに小さじ1/4加えます。

ふわふわ"パルメザン"

"パルメザン"のレシピは様々ありますが、これが一番私のお気に入り。
とても軽い仕上がりで画期的な"パルメザン"です。

材料 2・1/2 カップ分

マカダミアナッツ	2/3カップ（60g）
ニュートリショナルイースト	大さじ2
パプリカパウダー	小さじ1（オプション）
塩	小さじ1又は適量

1. マイクロプレーン（又はおろし金）でマカダミアナッツをすり下ろす。
2. 残りのすべての材料を加えて軽く和える。

Memo

マイクロプレーンはマカダミアナッツを軽く、細かくしてくれます。

Salad Sprinkles

シェイブド"パルメザン"

固い"パルメザン"を削ったような本格的な仕上がりの"チーズ"です。
サラダやパスタに振りかければ、素敵におしゃれな仕上がりになります。

材料 ディハイドレーターの3トレイ分　**必要器具** ブレンダー（ミキサー）、ディハイドレーター

カシューナッツ	2・1/2カップ（260g）（計量後浸水）
ニュートリショナルイースト	大さじ4
レモン汁	大さじ2
オニオンパウダー	大さじ2
塩	小さじ1・1/2
水	1・1/4カップ（250ml）

1. すべての材料をブレンダー（ミキサー）で滑らかになるまで撹拌する。
2. ディハイドレーター用のノンスティックシート3枚に薄く均等に広げる。
3. 41〜46℃のディハイドレーターで、表面が完全に乾燥するまで、約8時間乾燥させる。
4. 表面が完全に乾燥したら、メッシュシートに反転し、完全に乾くまで乾燥させる。
5. お好みの大きさに手で崩す。

スーパースピルリナごま塩

私の一番のお気に入りです。どんな退屈なサラダも素敵においしくしてくれる、マジックふりかけ。
もう普通のごま塩じゃ物足りなくなりますよ。

材料 3カップ分　**必要器具** フードプロセッサー、

ドライココナッツ	2・1/2カップ（150g）
白ごま	1・1/4カップ（120g）
スピルリナパウダー	大さじ2〜3
ニュートリショナルイースト	大さじ2
塩	小さじ2又は適量

1. フードプロセッサーでドライココナッツを粉末状にする。
2. 残りのすべての材料を加えて細かくなるまで回す。

シードスプリンクル

やや甘味のあるシードミックスはサラダを楽しくおいしくしてくれます。いろいろなスパイスやハーブを使ってお気に入りを見つけてください。私のお気に入りはタイム＆ローズマリーの組み合わせ。オニオンパウダー、パプリカ、チリ、クミンでスパイシーに仕上げたものは、みんなから人気があります。

材料 2・1/2カップ分　必要器具 ディハイドレーター

お好みの種（カボチャの種、ヒマワリの種等）	2・1/2カップ（280g）（計量後浸水）
お好みのハーブ（又はスパイス）	小さじ1〜3
メープルシロップ	大さじ2
生醤油	大さじ1
塩	小さじ1

1. すべての材料をボウルで混ぜ合わせる。
2. ディハイドレーター用のノンスティックシートに、均等に広げる。
3. 41〜46℃のディハイドレーターで、数時間乾燥させたら、メッシュシートに反転し、完全に乾くまで乾燥させる。

Memo

お好みの種のチョイスとしてフラックスシードやチアシードを使う場合は、浸水の必要はありません。

クリスピーオニオン

スーパーで売っているドライオニオンやフライドオニオンとは違い、ヘルシーでフレッシュなクリスピーオニオンは、案外簡単に作れます。ピザのトッピングやアジア料理の調味料として大活躍します。

材料 1・1/4カップ分　必要器具 ディハイドレーター

玉ねぎ（薄くスライス）	2・1/2カップ分（300g）
オリーブオイル	大さじ1
生醤油	大さじ1

1. すべての材料をボウルで混ぜ合わせる。
2. ディハイドレーター用のノンスティックシートに、均等に広げる。
3. 41〜46℃のディハイドレーターで、数時間乾燥させたら、メッシュシートに反転し、完全に乾くまで乾燥させる。

Main Dish
"Cheese" and Italian

"チーズ"＆イタリアン

基本の発酵"チーズ" 〜 熟成"チーズ" 〜

発酵の過程により味わい深く、さらにコクのある濃厚な仕上がりになりました。
もちろん、酵素や好細菌がたっぷりです。

材料 2・1/2カップ分　　**必要器具** ブレンダー（ミキサー）、ディハイドレーター（オプション）

カシューナッツ又はマカダミアナッツ
（又はココナッツの果肉）
――――― 3・3/4カップ（390g）（計量後浸水）
水 ――――― 大さじ4〜6
プロバイオティクスカプセル2個、又はプロバイオ
ティクスパウダー小さじ1/2
ニュートリショナルイースト
――――― 大さじ1・1/2又は適量
塩 ――――― 小さじ1又は適量

1. ナッツミルクバッグ又はガーゼ布を、ザルの上に広げで準備する。
2. ブレンダー（ミキサー）にナッツと水とプロバイオティクスを入れ、滑らかになるまで撹拌する。出来る限り少ない水の量で固めに仕上げる。（バイタミックスブレンダーを使用している場合はタンパーを、ブレンテックを使用している場合は、ツイスタージャーを使う）。（下記メモ参照）
3. 準備したチーズクロス又はガーゼの上に流し込み、ガーゼを折り畳んで完全にカバーし、上に軽く重しになるように水を入れた瓶等をのせ、24〜48時間温かい場所やディハイドレーターの上に置く。
4. 発酵後ボウルに移し、残りの材料を加えて混ぜる。（フレッシュでソフトに仕上げたい場合は、これで出来上がり。お好みで、青ネギやバジル、オレガノ、刻んだオリーブやドライトマト等を加えてもよい）。

Variation
・応用・

「しっかりとしまった熟成チーズを作りたい場合」
1. 仕上げたいチーズの種類に応じてお好みのフレーバーを加え、軽く油を塗ったセルクル（大きめの丸いクッキー型でもOK）に詰める。
2. 冷蔵庫で一晩寝かせた後、型から取り出す。
3. 冷蔵庫で引き続き、熟成させる。（2〜3日又は、1週間以上と、日が経つ程しっかりとしまる）。※もしこの行程を早めたい場合は、ディハイドレーターを使ってもよい。
4. 型から取り出した後、41〜46℃のディハイドレーターで、約24時間乾燥させる。
5. 冷蔵庫に戻し、しっかりとしまるまで数時間〜一晩寝かせる。

Memo

バイタミックスに付属のタンパーと呼ばれる「かき混ぜ棒」はブレンダー（ミキサー）を回したまま、フタの上の穴からかき混ぜることができるため、濃厚な材料を混ぜるのに便利です。

ブレンテックのツイスタージャーは、容器の側面に沿ってかき取るスクレーパーが付いているため、ナッツバターやナッツチーズ、濃厚なディップ等を作るのにとても便利です。

Main Dish, "Cheese" and Italian

発酵"モッツァレラチーズ"

1. マカダミアナッツと柔らかいココナッツの果肉を半々で基本の発酵"チーズ"（→P59 本章参照）を作る。（ココナッツの果肉の柔らかさによって、必要であれば、水分を減らす）。
2. 発酵後、残りの材料を加え、軽く油を塗ったセルクル又は丸い容器に詰める。
3. 冷蔵庫で一晩寝かせた後、型から取り出す。
4. スライスして、お好みで、引き立てコショウとオリーブオイルを振りかけていただく。

発酵"フェタチーズ"

1. マカダミアナッツで基本の発酵"チーズ"（→P59 本章参照）を作る。
2. 発酵後、残りの材料を加え、軽く油を塗った四角い容器に、1.5cm程度の厚さに詰める。
3. 冷蔵庫で一晩寝かせた後、型から取り出し、1.5cmの正方形になるようカットする。
4. お好みで刻んだオレガノとオリーブオイルを振りかけていただく。

発酵"チーズログ"

1. カシューナッツとマカダミアナッツを半々で基本の発酵"チーズ"（→P59 本章参照）を作る。
2. 発酵後、残りの材料を加え、お好みで刻んだレーズン大さじ2を加え混ぜる。
3. オーブンシート等を利用して、ログ状（丸太のような棒状）に形成する。
4. 数時間又は、使いやすい固さになるまで、冷蔵庫で冷やす。
5. 黒コショウ、パプリカパウダー、刻んだタイム（又はお好みのハーブやスパイスや刻んだナッツ等）を周りにまぶす。
6. オーブンシート等で包み、冷蔵庫で一晩寝かせる。
7. スライスしていただく。

発酵"チェダーチーズ"

1. カシューナッツで基本の発酵"チーズ"（→P59 本章参照）を作る。
2. 発酵後、残りの材料を加え、ニュートリショナルイーストをさらに大さじ1、オニオンパウダー大さじ1、パプリカパウダー小さじ2、粗挽きコショウ小さじ1/2、チリパウダーとターメリックを各ひとつまみ加え混ぜる。
3. 熟成チーズの過程（→P59 本章の応用参照）に従って、しっかりとしまったチーズに仕上げる。

発酵"ブルーチーズ"

1. カシューナッツで基本の発酵"チーズ"（➡P59 本章参照）を作る。
2. 発酵後、残りの材料を加え、ニュートリショナルイーストをさらに大さじ1、塩をさらに小さじ1、ノニパウダー小さじ2を加え混ぜる。（には下記メモ参照）
3. "ブルーチーズ"の見た目を作るために、スピルリナパウダー小さじ1/2を、軽く加え混ぜる。
4. 熟成チーズの過程（➡P59 本章の応用参照）に従って、しっかりとしまったチーズに仕上げる。

Memo

*ノニ*はポリネシア地方原産のフルーツで、解毒・抗酸化作用に優れ、アミノ酸、ビタミン、ミネラルを豊富に含みます。そのユニークな匂いが、"ブルーチーズ"の独特な香りを再現します。

発酵なしの簡単"フェタチーズ"

発酵チーズがコクと風味をもつのに対して、この簡単テクニックは、アイリッシュモスを使い、チーズをより軽く仕上げてくれます。リコッタチーズやカッテージチーズ風の軽い仕上がりにしたいチーズにも向いています。

材料 3カップ分　　**必要器具** ブレンダー（ミキサー）

カシューナッツ	2カップ（200g）（計量後浸水）
オリーブオイル	大さじ2
レモン汁	大さじ2
白味噌	大さじ1
ニュートリショナルイースト	小さじ2
塩	小さじ1/2
水	120ml＋大さじ4
アイリッシュモスペースト（→ P168 テクニック章参照）	1カップ

1. 水大さじ4とアイリッシュモスペースト以外のすべての材料を、ブレンダー（ミキサー）で滑らかになるまで撹拌する。
2. 水大さじ4とアイリッシュモスペーストを加え、さらに滑らかになるまで撹拌する。
3. 軽く油を塗った四角い容器に、1.5cm程度の厚さになるよう注ぎ込む。
4. 冷蔵庫で数時間又は完全に固まるまで冷やす。
5. 1.5cmの正方形になるようカット又は軽くクランブル状にほぐす。
6. お好みで、刻んだオレガノとオリーブオイルを振りかけていただく。

発酵なしの簡単"モッツアレラチーズ"

1. カシューナッツの代わりに、マカダミアナッツと柔らかいココナッツの果肉を半々で発酵なしの簡単"フェタチーズ"（上記参照）を作る。（ココナッツの果肉の柔らかさによって、必要であれば、水分を減らす）。
2. 軽く油を塗ったセルクル又は丸い容器に詰める。
3. 冷蔵庫で数時間又は完全に固まるまで冷やす。
4. スライスして、お好みで引き立てコショウとオリーブオイルを振りかけていただく。

3種類のお気に入りピザ

タスカニーピザは、発酵チーズ、ドライトマト、オリーブでリッチな仕上げに、ガーデンピザはペストソースと葉野菜で軽く仕上げ、一番人気のトマトソースピザは、ジューシーなマッシュルームと野菜をたっぷりトッピングしました。ソースとトッピングのコンビネーションをお楽しみください。

|材料| お好みの分量　　|必要器具| フードプロセッサー、ディハイドレーター

ピザクラスト（→ P143 ディハイドレーション章参照）

タスカニーピザ

基本の発酵"チーズ"（→ P59 本章参照）
ドライトマト（浸水し、スライス）
オリーブ（種を取り、スライス）
クリスピーオニオン（→ P57 サラダトッピング章参照）
ふわふわ"パルメザン"（→ P55 サラダトッピング章参照）
フレッシュバジル（刻む）
お好みの野菜（トマト、パプリカ等）

ガーデンピザ

ガーデンペスト（→ P67 本章参照）
ルッコラ又はほうれん草（一口サイズに切り、少量のオリーブオイルで軽く和える）
アボガド（スライス）
食用花
ふわふわ"パルメザン"（→ P55 サラダトッピング章参照）
お好みの野菜（トマト、パプリカ等）

トマトソースピザ

3分トマトソース（→ P67 本章参照）
マッシュルーム（スライスし、少量のオリーブオイルと生醤油で軽く和える）
パプリカ（スライスし、少量のオリーブオイルと生醤油で軽く和える）
お好みの野菜（トマト、ブロッコリー等）
パイナップル（さいの目切り）（オプション）
"ベジボール"（ベジバーガー、ファラフェル等の残りを、小さく丸めてディハイドレーターで乾燥したもの）（→ ベジバーガー P81 アメリカンダイナー章参照、ファラフェル P125 中近東料理章参照）（オプション）
カシューチーズ（→ P117 メキシカン章サワークリームの応用参照）
ふわふわ"パルメザン"（→ P55 サラダトッピング章参照）
フレッシュオレガノ（刻む）

Main Dish, "Cheese" and Italian

タスカニーピザ

1. ピザクラストに、"チーズ"を塗る。
2. その上にドライトマト、オリーブ、クリスピーオニオン、お好みの野菜をのせ、57℃のディハイドレーターで、約30分温める。
3. "パルメザン"とバジルを散らしていただく。

ガーデンピザ

1. ピザクラストにガーデンペストを塗る。
2. 57℃のディハイドレーターで約30分温める。
3. ルッコラ又はほうれん草、アボガド、食用花、お好みの野菜をのせ、"パルメザン"を散らしていただく。

トマトソースピザ

1. ピザクラストにトマトソースを塗る。
2. その上にマッシュルーム、パプリカ、お好みの野菜、(お好みでパイナップル、"ベジボール")をのせ、カシューチーズを絞り、57℃のディハイドレーターで約30分温める。
3. "パルメザン"とオレガノを散らしていただく。

ガーデンペスト　〜バジルソース〜

いつも冷蔵庫にあると役立つペスト。おいしすぎて、作ったらすぐになくなってしまいます。

材料 2・1/2カップ分　　**必要器具** フードプロセッサー

バジル又はほうれん草のミックス	5カップ（100〜120g）
オリーブオイル	1・1/4カップ（250ml）
松の実又はカシューナッツのミックス	1カップ（100g）
ガーリック	2片（潰す）
ニュートリショナルイースト	大さじ2
塩	小さじ1

1. バジルとほうれん草のミックスをフードプロセッサーに入れ、残りのすべての材料も加え入れて回し、食感が残る程度に細かくする。
2. 軽く回してすぐ止めて、ゴムベラで回りについた材料をすくいとる。（この工程を繰り返して、回し過ぎを防ぐ）。
3. 保存瓶に入れ、酸化を防ぐために表面を完全にオリーブオイルで覆う。

Memo 冷蔵庫で1ヶ月以上保管可能です。

3分トマトソース

コクのある、おいしいトマトソースがあっという間に出来上がります。

材料 2・1/2〜3カップ分　　**必要器具** フードプロセッサー

ドライトマト	1・1/4カップ（計量後30分浸水）
ざく切りトマト	2・1/2カップ分（360g）
オリーブオイル	大さじ8（120ml）
ガーリック	1片（潰す）
塩、コショウ	適量
イタリアンドライハーブミックス	小さじ2

1. すべての材料をフードプロセッサーで滑らかになるまで回す。

トルテリーニ with パプリカソース

家族や友達をびっくりさせてみませんか？気取ったグルメイタリアンディナーにぴったりの1品です。行程が長過ぎるという方、ココナッツラップは市販のもの（➡購入先は下記メモ参照）を使うという手もありますよ！

材料 18個分　**必要器具** ブレンダー（ミキサー）、ディハイドレーター

ココナッツラップ	ディハイドレーター2トレイ分（➡P147 ディハイドレーション章参照）
➡ 代用品：マンゴー又はパパイヤラップ（➡P147 ディハイドレーション章参照）	

[ハーブ"チーズ"フィリング]（必要なのは半量ですが作りやすい分量）

基本の発酵"チーズ"	1・1/4カップ（➡P59 本章参照）
フレッシュオレガノ（刻む）	小さじ1
フレッシュタイム（刻む）	小さじ1
オニオンパウダー	小さじ1
ナツメグ	ひとつまみ

[パプリカソース]

ドライパプリカ	1/4カップ（計量後1/4カップの水に30分浸水）
➡ 代用品：ドライトマト	
赤パプリカ	1/2個（種を取りざく切り）
オリーブオイル	大さじ3
ニュートリショナルイースト	小さじ1
塩	ひとつまみ

1. ココナッツラップは、9×9cmの正方形になるようにカットする。（2トレイで合計18個とれる）。
2. ハーブ"チーズ"フィリング用の、すべての材料を、ボウルで混ぜ合わせる。
3. パプリカソースは、すべての材料（パプリカを浸水した水も含む）をブレンダー（ミキサー）で滑らかになるまで撹拌する（ブレンダー（ミキサー）がきちんと回転するように、水が足りなければ少し加えて調節する）。
4. ココナッツラップの真ん中に、小さじ1のフィリングをのせ、三角形に折りたたみ、両端をしっかりとおさえる。（フィリングがはみ出ないように気をつけながら、フィリングのちょうど上のラインで折る）。
5. 三角形の両端をつまみ、手前で交差するように近づけ、片方の先に軽く水を付け、もう一方の先の生地の隙間（フィリングが入っているところ）に差し込み、しっかりおさえて固定する。（ココナッツラップがなくなるまで同じ作業を繰り返す）。
6. パプリカソースを皿にのせ、その上からトルテリーニを置く。

Memo ココナッツラップ（Raw Vegan Coconut Wraps）は、http://jp.iherb.com で購入できます。

ビーツラビオリ

味も見た目も気取ったレストラン料理のようです。

材料 前菜として8人分、メインとして4人分　　**必要器具** ブレンダー（ミキサー）、ディハイドレーター

[ハーブオイル]

オリーブオイル	大さじ8（120ml）
お好みのハーブ	大さじ2〜3
レモン汁	大さじ1
塩	ひとつまみ
水	大さじ2

[オリーブ"チーズ"フィリング]（必要なのは半量ですが作りやすい分量）

基本の発酵"チーズ"	1・1/4カップ（→ P59 本章参照）
オリーブ（刻む）	大さじ2〜3
お好みのハーブ（刻む）	大さじ1
コショウ	適量

ビーツ	2個（スライサーで薄切りにし、オリーブオイルと塩で軽く和える）

1. ハーブオイル用の、すべての材料をブレンダー（ミキサー）で滑らかになるまで撹拌し、スクイーズボトルに移す。
2. オリーブ"チーズ"フィリング用の、すべての材料を、ボウルで混ぜ合わせる。
3. ビーツのスライス1枚を皿にのせ、小さじ山盛り1杯のフィリングをビーツの真ん中にのせる。
4. もう1つのビーツスライスで優しくかぶせ、軽くふちをおさえ、すべてのフィリングとビーツがなくなるまで続ける。
5. 最後にハーブオイルをかけていただく。

Main Dish, "Cheese" and Italian

"グリル"野菜と味噌のバーニャカウダ

ニンニクとアンチョビとオリーブオイルでつくるソース。バーニャカウダを、アンチョビの代わりにオリーブと味噌でコクを出しアレンジしました。野菜にたっぷりとかけてお楽しみください。

材料 4人分　**必要器具** フードプロセッサー、ディハイドレーター

[マリネソース]

オリーブオイル	大さじ4
バルサミコ酢	大さじ4
生醤油	大さじ1
お好みのフレッシュハーブ（刻む）	小さじ1
塩	小さじ3/4
粗挽きコショウ	小さじ1/4

["グリル"野菜]

アスパラガス	10本（7cmにカット）
ナス、ズッキーニ	各2本（縦に0.5cmにスライスし、3cmの長さにカット）
玉ねぎ	1個（0.5cmの厚さにカット）
赤、黄パプリカ	各1個（2cmの厚さにカット）

[味噌のバーニャカウダ]

オリーブオイル	1カップ
オリーブ（種をとる）	1/2カップ
ニンニク	8片又は適量
赤味噌	大さじ2

1. マリネソース用の、すべての材料をボウルで混ぜ合わせる。
2. アスパラガス、ナス、ズッキーニ、玉ねぎ、パプリカをマリネソースで和え、ディハイドレーター用のノンスティックシートに広げる。
3. 57℃のディハイドレーターで、1〜2時間乾燥させ柔らかくする（それ以上乾燥を続ける場合は、41〜46℃に温度を下げる）。
4. 味噌のバーニャカウダ用の、すべての材料をフードプロセッサーで回し、小さい容器に移す。
5. "グリル"野菜を皿に盛りつけ、味噌のバーニャカウダを添えていただく。

ココナッツのサーモン風刺身カルパッチョ

ココナッツの果肉は、刺身の食感にそっくりです。野菜ジュースで色を付け、サーモン風に。フラックスシードオイル、ショウガ、海藻が、魚風味の秘密です。お友達をびっくりさせちゃってください。

材料 4～6人分　　**必要器具** ブレンダー（ミキサー）

ココナッツの果肉（柔らかいもの） — 2・1/2カップ分（400g）（→ 下記メモ参照）

[魚風マリネソース]

ビーツとニンジンのミックスジュース	大さじ4（ココナッツのイカ風刺身を作る場合は水で代用）
フラックスシードオイル	大さじ3
オリーブオイル	大さじ1
ケルプパウダー（昆布だし粉）	小さじ1
海苔（軽くちぎる）	1/2枚
ふのり（ダルス）	小さじ2

→ 代用品：海苔 1/4枚

ショウガ汁	小さじ2
塩	小さじ1/2

[盛り付け]（オプション）

ニンジン、大根（極細千切り）	各1/2カップ分
バジル又はしそ	5枚（極細千切り）
レモンの皮	小さじ1/2（極細千切り）
ケーパー	大さじ2
オリーブオイル	適量
粗挽きコショウ	適量

1. 魚風マリネソース用の、すべての材料をブレンダー（ミキサー）で完全に混ざるまで撹拌する。
2. ココナッツの果肉を、刺身のサイズ（約3×6cm）にカットし、魚風マリネソースでよく和え、2～3時間又は一晩、冷蔵庫で漬け込む。
3. 漬け込んだココナッツの果肉をザルに上げ、水分を切る。
4. 盛り付け用のニンジン、大根、バジル又はしそ、レモンの皮を、軽くオリーブオイルで和える。
5. 皿にココナッツのサーモン風刺身を並べ、盛り付け用の野菜を真ん中に山盛りのせる。
6. ケーパー、オリーブオイル、粗挽きコショウを振りかけていただく。

Memo 柔らかいココナッツの果肉が手に入らなければ、エリンギや椎茸、アボガド等で試してみるのもよいでしょう。残った魚風マリネソースはアジア風ドレッシングとしても使えます。

カプレーゼ
～トマトと"モッツァレラチーズ"のサラダ～

イタリアンの定番、赤、白、緑のコントラストが美しい、フレッシュなサラダです。

材料 10個分　　必要器具 ブレンダー（ミキサー）

発酵なしの簡単"モッツァレラチーズ"（→P63 本章参照）又は 発酵"モッツァレラチーズ"（→P61 本章参照）	2/3カップ分
完熟トマト	10スライス（トマト約2個分）
バジルの葉	10枚
オリーブオイル	大さじ1
粗挽きコショウ	適量

1. 皿にトマトを、重なり合わないように並べる。
2. 小さじ山盛り1杯の"モッツァレラチーズ"をのせ、上からバジルの葉をのせる。
3. オリーブオイルと粗挽きコショウを散らしていただく。

ブルスケッタ

ナッツパルプで作った軽いブレッドに、ガーリックとバジルで香りの効いたオリーブオイルをたっぷりかけたブルスケッタ。前菜、軽食、パーティー料理にと大活躍します。

材料 10個分　**必要器具** ブレンダー（ミキサー）

ガーリックブレッド（→P141 ディハイドレーション章参照）	10スライス
トマト（種を取り小さめのさいの目切り、水分をよく切る）	1カップ分（130g）
バジル（千切り）	1カップ分
オリーブオイル	大さじ6
ガーリック	2片（みじん切り）
塩	小さじ1

1. ガーリックブレッド以外のすべての材料をボウルで混ぜ合わせ、大さじ山盛り1杯ずつ、ガーリックブレッドにのせる。
2. 最後に残った汁を上からかける。

キュウリのチア"キャビア"ボート

遊び心で生まれたこの料理。ポリッジだけでない、チアシード（又はタルシーシード）の
新しい使い方です。さっぱりとしたキュウリとよく合います。見栄えがよいのでパーティーにも使えます。

材料 20個分（チア"キャビア"1/2カップ分）　必要器具 ブレンダー（ミキサー）

キュウリ	2本（1.7cmの長さにカット）
チアシード又はタルシーシード（→下記メモ参照）	大さじ4
水	1/2カップ
魚風マリネソース（→P75 本章ココナッツのサーモン風刺身カルパッチョ参照：ビーツとニンジンミックスジュースの代わりに水で代用）	レシピ1回分

1. チアシード又はタルシーシードを1/2カップの水に入れよく混ぜる。
2. 水を全部吸収したら、魚風マリネソースを加えて、冷蔵庫で1時間漬け込む。
3. キュウリの真ん中を小さじ1/2用のスプーンで丸く、くり抜きくぼみを作る。
4. くり抜いたところに、山盛りになるように漬け込んだチアシード又はタルシーシードを入れる。

Memo

タルシーシードは、ホーリーバジルシードとも言われ、チアシードに味も見た目もそっくりです。水に浸すとタピオカのようなとろみをつけ、タイ、インド、イタリア等で料理やデザートに使われてきました。

Main Dish, "Cheese" and Italian

Main Dish

American Diner

アメリカンダイナー

ベジバーガー

肉もパンもなしで、しかもローでハンバーガー？ イエス！ しかも最高においしい！
ナッツと野菜でハンバーグ、シャキシャキと歯ごたえのある大きめロメインレタスでバンズの代わりに。
いろいろなソースをのっければ、もう絶品です。

材料 8個分　**必要器具** フードプロセッサー、ディハイドレーター

[ベジバーガー]

ヒマワリの種	1・1/2カップ（140g）（計量後浸水）
クルミ	1カップ（120g）（計量後浸水）
マッシュルーム（みじん切り）	1・1/2カップ（110g）
玉ねぎ、セロリ、パプリカ（みじん切り）	各1/4カップ
ニンニク	1片（みじん切り）
オリーブオイル	大さじ2
赤味噌	大さじ1
オニオンパウダー	小さじ1
ナツメグパウダー	小さじ1/2
オールスパイス	小さじ1/2
イタリアンドライハーブミックス	小さじ1/2
コショウ	小さじ1/4
粉末にしたフラックスシード（➡P167 粉末の仕方はテクニック章参照）	大さじ4

[盛り付け]

ロメインレタス、アボガド、トマト（スライス）	適量
バーベキューケチャップ、マヨネーズ、ホームメイドマスタード（➡P82、83 本章参照）	適量
"チェダーチーズ"スライス（➡P83 本章参照）	8枚（オプション）

1. フードプロセッサーに、ヒマワリの種とクルミを入れて回し、食感が残る程度に細かくする。（食感が残るよう軽く回してすぐ止め、ゴムベラで回りについた材料をすくいとり、また軽く回すの繰り返しで、回し過ぎを防ぐ）。
2. ボウルに移し、残りすべての材料を加えて手でよく混ぜ合わせる。
3. ハンバーガーサイズ（直径約7.5cm、厚さ約1cm）に丸め、ディハイドレーター用のメッシュシートに並べ、57℃のディハイドレーターで、1時間乾燥させる。
4. 温度を41〜46℃に下げ、内側は柔らく、外側は完全に乾くまで数時間乾燥を続ける。
5. 盛り付けは、皿に大きめのロメインレタスを置き"チェダーチーズ"スライス（オプション）、トマト、アボガド、ベジバーガーの順にのせ、上からバーベキューケチャップ、マヨネーズ、マスタードをかけ、もう一枚のロメインレタスをのせ挟んでいただく。

バーベキューケチャップ

バーベキュー風味の決め手はスモーキーな香り！薫製塩、スモークパプリカ、そしてオニオンパウダーとマスタードがより一層バーベキュー風味を出すのに活躍します。冷蔵庫で2週間以上保存可能です。

材料 2・1/2カップ分　　**必要器具** ブレンダー（ミキサー）

- ドライトマト ── 1・1/4カップ（計量後30分浸水）
- ざく切りトマト ── 1/2カップ
- ニンニク ── 1片（潰す）
- デーツペースト（→ P168 テクニック章参照）
  ── 大さじ6
- りんご酢 ── 大さじ4
- スモークパプリカ ── 小さじ2
  → 代用品：なければ通常のパプリカを使用
- オニオンパウダー ── 小さじ2
- ディジョンマスタード又はホームメイドマスタード（→ P83 本章参照）
  ── 小さじ1
- 生醤油 ── 小さじ1
- 薫製塩 ── 小さじ1
  → 代用品：なければ通常の塩
- 粗挽きコショウ ── 小さじ1/2

1. すべての材料をブレンダー（ミキサー）で撹拌する。

> **Memo**　スパイスの利いていない通常のケチャップにするには、ガーリック、マスタード、スモークパプリカ、オニオンパウダー、薫製塩を省き、塩小さじ1を加えます。

マヨネーズ

ローマヨネーズはとても簡単でスーパーデリシャス！もう市販のものは必要なくなります。家族の健康のためにも冷蔵庫に常備しましょう！

材料 2・1/2カップ分　　**必要器具** ブレンダー（ミキサー）

- カシューナッツ ── 2・1/2カップ（260g）（計量後浸水）
- オリーブオイル ── 大さじ4
- りんご酢 ── 大さじ2
- 塩 ── 小さじ1・1/2
- 水 ── 大さじ8（120ml）

1. すべての材料をブレンダー（ミキサー）で滑らかになるまで撹拌する。

Variation・応用・

アリオリソース　〜ガーリックマヨネーズ〜
刻んだニンニクをマヨネーズに加えます。

タルタルソース
刻んだタマネギ大さじ4、刻んだディル大さじ2、刻んだケーパー大さじ4、刻んだキュウリのピクルス（→ P52 サラダ＆ドレッシング章参照）1カップをマヨネーズに加えます。

ホームメイドマスタード

市販のものよりおいしくて新鮮。もちろん保存料・添加物フリー。
2週間くらい置くと味がなじんで食べ頃です。

材料 2カップ　　**必要器具** ブレンダー（ミキサー）

イエローマスタードシード	大さじ8（計量後8時間浸水し、よくすすいで水を切る）
りんご酢	大さじ4
ココナッツネクター又はお好みの液体甘味料	大さじ4
塩	小さじ2

1. すべての材料をブレンダー（ミキサー）で滑らかになるまで、又はお好みで軽く食感が残る程度に撹拌する。
2. ガラスの容器に移し冷蔵庫で保管する（1週間ほどで苦みが減り、マイルドになる。2週間後から食べ頃で、冷蔵庫で2～3ヵ月保管可能）。

"チェダーチーズ" スライス

ハンバーガーにはスライスチーズがなくては、という方に。チーズ好きを大満足させてくれます。

材料 ディハイドレーターの1トレイ分（9スライス分）　　**必要器具** ブレンダー（ミキサー）、ディハイドレーター

カシューナッツ	2・1/2カップ（260g）	ニュートリショナルイースト	大さじ1
（計量後浸水）		オニオンパウダー	大さじ1
ニンジンジュース	1・1/4カップ	塩	小さじ1/2
黄色パプリカ	1個（種を取り、ざく切り）	チリパウダー	ひとつまみ
ニンニク	1片（潰す）	コショウ	ひとつまみ
オリーブオイル	大さじ1	サイリウムハスクパウダー（オオバコパウダー）	
レモン汁	大さじ1		小さじ1

1. サイリウムハスクパウダー以外のすべての材料を、ブレンダー（ミキサー）で撹拌する。ブレンダー（ミキサー）がきちんと回転するよう、水が足りなければ少し加えて調節する。
2. サイリウムハスクパウダーを加え、完全に混ざるまで撹拌する。
3. ディハイドレーター用のノンスティックシート1枚に均等に広げる。
4. 9個の正方形になるように、スパチュラ又は包丁の背で、縦と横に2本ずつの線を入れる。
5. 41～46℃のディハイドレーターで、表面が完全に乾燥するまで、約8時間乾燥させる。
6. 表面が完全に乾燥したら、メッシュシートに反転し、完全に乾くまで乾燥させる。

フライドポテト風ヒカマウェッジーズ

ローを始めてからフライドポテトの夢を見ていませんか？ このレシピは味も見た目も食感も優秀！
とてもフレッシュでクリスピーな傑作です。

材料 約5カップ分

オリーブオイル	大さじ4
ニュートリショナルイースト	大さじ1
オニオンパウダー	大さじ1
パプリカパウダー	小さじ1
ターメリックパウダー	小さじ1/2
粗挽きコショウ	小さじ1/2
塩	小さじ1
ヒカマ（くし形にカット）	5カップ（600g）（→ 下記メモ参照）

[付け合わせ]

バーベキューケチャップ（→ P82 本章参照）又はマヨネーズ（→ P82 本章参照）
　　　　　　　　　　　　　　　　　　各適量（オプション）

1. ヒカマ以外のすべての材料を、ボウルで混ぜ合わせる。
2. 食べる直前に、ヒカマを加えて均等に和える。
3. バーベキューケチャップ又はマヨネーズを添えていただく。

Memo

ヒカマとは、根菜の一種。芋、葛とよく似ていて日本では「クズイモ」と呼ばれています。りんごとクワイの中間のような風味で、生で食べるとシャキシャキとした食感があり、メキシコや東南アジア等ではサラダはもちろん様々な料理に使われます。食感は異なりますが、代用品として生で食べられる栄養満点の長芋でもよいでしょう。長芋を使用する場合は、ぬめりをとるためカットしてからよく洗いましょう。

サンドイッチ

オニオンブレッドさえあれば、いつでもどこでもボリュームたっぷりのサンドイッチが簡単にできます。

材料 1人分

オニオンブレッド	2枚（➡ P144 ディハイドレーター章参照）
マヨネーズ	大さじ3（➡ P82 本章参照）
レタス	2〜3枚
トマト（スライス）	数枚
アボカド（スライス）	数枚
アルファルファ	1/4カップ

1. 2枚のオニオンブレッドの片側にマヨネーズ大さじ1・1/2を伸ばし広げる。
2. オニオンブレッドにレタス、トマト、アボカド、アルファルファをのせ、もう1枚のオニオンブレッドをかぶせる。

Main Dish, American Diner

Main Dish

Indian

インド料理

ゴビマサラサブジ
～カリフラワーとほうれん草のドライカレー～

ゴビとはカリフラワーのこと。インドで最も人気のある料理の一つです。具となる野菜は何を入れてもかまいません。旬の野菜でつくってみましょう。私のお気に入りはオクラのサブジです！

材料 4人分　　**必要器具** ブレンダー（ミキサー）、ディハイドレーター

玉ねぎ	1個（薄切り）
カリフラワー（小さめの食べやすい大きさにカット）	6カップ（550g）
サラダほうれん草の葉（ごま油と塩で軽く和える）	7カップ（300g）
コリアンダー（刻む）	大さじ2〜3

[サブジソース]

ショウガ（刻む）	大さじ2
ニンニク	2片（潰す）
青唐辛子	1〜2本（種を取る）
ドライココナッツ	1/2カップ
ごま油	大さじ2
オリーブオイル又はココナッツオイル	大さじ2
白味噌	小さじ2
生醤油	小さじ2
オニオンパウダー	大さじ1
カレー粉	大さじ1
クミンパウダー	小さじ2
ターメリックパウダー	小さじ2
塩	小さじ1
水	1/2カップ

1. サブジソース用の、すべての材料をブレンダー（ミキサー）で滑らかになるまで撹拌する。ブレンダー（ミキサー）がきちんと回転するよう、水が足りなければ少し加えて調節する。
2. 玉ねぎとカリフラワーをサブジソースでよく和える。
3. ディハイドレーター用のノンスティックシートに広げ、57℃で1〜2時間温める。
4. 水分を軽く切ったほうれん草とコリアンダーを加え混ぜる。

パラクパニール
～ほうれん草と"チーズ"のカレー～

パラクとはほうれん草、パニールとはインドのカッテージチーズのことです。
人気の北インドベジタリアン料理の一つを、ローで再現しました。

材料 4～6人分　**必要器具** ブレンダー（ミキサー）、ディハイドレーター

サラダほうれん草の葉	12カップ（600g）（ごま油と塩で軽く和える）
トマト（種を取り小さめのさいの目切り）	2・1/2カップ分（360g）
発酵なしの簡単"フェタチーズ"（→P63"チーズ"＆イタリアン章参照）	
又は発酵"フェタチーズ"（→P61"チーズ"＆イタリアン章参照）	2・1/2カップ

[グレービーソース]

カシューナッツ	2・1/2カップ（260g）（計量後浸水）
ドライトマト	1/4カップ（計量後30分浸水）
ニンニク	2片（潰す）
ショウガ（刻む）	大さじ1
オリーブオイル	大さじ4
白味噌	大さじ2
生醤油	大さじ2
オニオンパウダー	大さじ1
カレー粉	大さじ1
クミンパウダー	小さじ2
コリアンダーシードパウダー	小さじ1
シナモンパウダー	小さじ1
ターメリックパウダー	小さじ1
チリパウダー	小さじ1/2
水	1・1/4カップ

1. グレービーソース用の、すべての材料をブレンダー（ミキサー）で滑らかになるまで撹拌する。
2. ほうれん草を加えて滑らかになるまでさらに撹拌する。
3. ボウルに移し、トマトと"フェタチーズ"を加え、やさしく混ぜ合わせる（トマトと"フェタチーズ"は仕上げ用に少し残しておく）。
4. 仕上げに残したトマトと"フェタチーズ"を散らす。

ダル

ダルはインドで最も人気のあるスープです。ローバージョンではカシューナッツとココナッツを使い、マイルドかつクリーミーで、ほんのり甘味のあるさっぱりとしたカレーとしていただけます。
たっぷりと利いたスパイスは、消化を助けてくれます。

材料 4人分　**必要器具** ブレンダー（ミキサー）

発芽させた緑豆（➡P165 発芽の仕方はテクニック章参照）	5カップ
トマト（小さめのさいの目切り）	1・1/2 カップ（180g）
カシューナッツ	2・1/2 カップ（260g）（計量後浸水）
ココナッツミルク（➡P163 テクニック章参照）	2・1/2カップ
ニンニク	2片（潰す）
オリーブオイル	大さじ2
オニオンパウダー	大さじ1
クミンパウダー	小さじ2
カレー粉	小さじ2
コリアンダーシードパウダー	小さじ1
ターメリックパウダー	小さじ1
チリパウダー	小さじ1/4
カレーリーフ	10枚（なければ省略）
（➡カレーリーフについては、P47サラダ＆ドレッシング章の南インド風　キュウリとスプラウトのサラダのメモ参照）	
塩	小さじ1・1/2又は適量

[仕上げ]

コリアンダー（刻む）	大さじ2〜3

1. 2カップの発芽緑豆とトマト以外のすべての材料をブレンダー（ミキサー）で滑らかになるまで撹拌する。
2. ボウルに移し、2カップの発芽緑豆とトマトを加え混ぜる。
3. 仕上げに刻んだコリアンダーを散らす。

チャパティ
〜インド風フラットブレッド〜

ローでチャパティが食べれるとは！？ しかも、このチャパティはウエストラインが膨らみませんよ。

材料 6枚分　　**必要器具** ブレンダー（ミキサー）、ディハイドレーター

カシューナッツ	2・1/2カップ（260g）（計量後浸水）
ズッキーニ（皮を剥いてざく切り）	5カップ分（540g）
レモン汁	大さじ1
白味噌	大さじ1
ニュートリショナルイースト	小さじ1
塩	小さじ1/4
粉末にしたフラックスシード（→P167 粉末の仕方はテクニック章参照）	大さじ1・1/2
クミンシード	小さじ2・1/2（飾り用に小さじ2残す）

1. フラックスシードとクミンシード以外の材料をブレンダー（ミキサー）で滑らかになるまで撹拌する。
2. フラックスシードと、飾り用以外のクミンシードを加え、数秒間撹拌する。
3. ボウルに移し、均等に混ざるよう混ぜる。
4. ディハイドレーター用のノンスティックシートに、大さじ6ずつのせ、直径15cmの円状に平たく伸ばし、上から残したクミンシードを散らす。
5. 41〜46℃のディハイドレーターで、表面が完全に乾燥するまで、約6〜8時間乾燥させる。
6. 表面が完全に乾燥したらメッシュシートに反転し、完全に乾燥するまで、ただし柔軟性のあるうちに乾燥を止める。
7. お好みで、ココナッツチャツネ（→P97 本章参照）やサブジ（→P89 本章参照）やカレー（→P89、91本章参照）、ダル（→P93 本章参照）等といただく。

Variation ・応用・

「ピタチップス」
ディハイドレーターで乾燥させる前に、スパチュラ又は包丁の背で、4個になるよう縦と横に1本ずつの線を入れ、完全に乾くまで乾燥させます。中近東・地中海料理で、ディップと共にいただくのには欠かせません。

ペーパードーサ　～インド風極薄クレープ～

私のインドはいつもお気に入りのレストランのペーパードーサで始まります。ドーサは、南インドで人気の朝食。発酵させたお米と豆をペーパーのように薄く焼いたクレープのようなもので、ココナッツチャツネとの相性は抜群です。

材料 ディハイドレーターの2トレイ分（大きいペーパードーサ4枚分）

必要器具 ブレンダー（ミキサー）、ディハイドレーター

ズッキーニ	5カップ（540g）（皮を剥いて、ざく切り）
カシューナッツ	1・1/4カップ（130g）（計量後浸水）
ニュートリショナルイースト	大さじ1
塩	小さじ1/4
サイリウムハスクパウダー（オオバコパウダー）	大さじ2

1. サイリウムハスクパウダー以外のすべての材料をブレンダー（ミキサー）で滑らかになるまで回す。
2. サイリウムパウダーを加え、軽く回す。（完全に混ざらない場合は、ボウルに移してよく混ぜ合わせる）。
3. ディハイドレーター用のノンスティックシート2枚に、均等に広げる。
4. 41℃のディハイドレーターで、表面が完全に乾燥するまで、約5～7時間乾燥させる。
5. 表面が完全に乾燥したらメッシュシートに反転し、完全に乾燥するまで、ただし柔軟性のあるうちに乾燥を止める。
6. 半分に切り、縦長に丸める。
7. お好みで、ココナッツチャツネ（→下記参照）やサブジ（→P89 本章参照）やカレー（→P89、91 本章参照）、ダル（→P93 本章参照）等といただく。

ココナッツチャツネ

とてもシンプルなのに深い味わい。私はとても好きで、ソースなのにスープのように食べちゃうくらいです。サラダのドレッシングとしても使えます。

材料 2カップ分　　**必要器具** ブレンダー（ミキサー）

ドライココナッツ	2カップ（130g）
青唐辛子	2～3本又は適量（種を取る）
カレーリーフ	20枚（→カレーリーフについては、P47サラダ＆ドレッシング章の南インド風 キュウリとスプラウトのサラダのメモ参照）
→代用品：カレー粉 小さじ1/2	
塩	小さじ1又は適量
水	1/2～1カップ又は適量

1. すべての材料をブレンダー（ミキサー）で滑らかになるまで撹拌する（ブレンダー（ミキサー）がきちんと回転するよう、水が足りなければ少しずつ加えて調節する）。

Main Dish

Japanese and Chinese

和食＆チャイニーズフード

スーパーのり巻き

新しいのり巻きです！ ユニークなコンビネーションですが、お味はお墨付き。
癖になる味です。私のランチの定番アイテム！

材料 1本分

海苔	1枚
アルファルファスプラウト	2つかみ強
➡ 代用品：お好みの葉野菜やほうれん草、又は他のスプラウト	
アボカド（太めにスライス）	2〜3枚
キュウリ（千切り）	1つかみ
スーパースピルリナごま塩（➡ P56 サラダトッピング章参照）	大さじ山盛り3杯
フラックスシードオイル	大さじ2

1. 巻き終わり約3cm残して、アルファルファスプラウトをごはんの代わりに見立て海苔の上に均等に広げる。
2. アルファルファスプラウトの真ん中に沿って、アボカド、キュウリ、スーパースピルリナごま塩をのせる。
3. フラックスシードオイルをスーパースピルリナごま塩の上からやさしく振りかけなじませる。
4. 手前を軽く持ち上げ、しっかりと野菜を巻く（巻き終わりの海苔部分を、少量の水で湿らせると、しっかりと海苔がつく）。
5. 6等分にカットしていただく。

ごま "豆腐"

くずの代わりにアイリッシュモスを使って固めました。栄養たっぷり、コクのある一品です。

材料 7〜8個分　　**必要器具** ブレンダー（ミキサー）

カシューナッツ	1・1/4カップ（130g）（計量後浸水）
タヒニ又は白練りごま	大さじ8（120ml）
白味噌	大さじ2
水	370ml
アイリッシュモスペースト（→P168 テクニック章参照）	1・1/4カップ

[仕上げ]

青ネギ（刻む）	1つかみ
ショウガ（おろす）	大さじ1〜2
生醤油	適量

1. 10×20×5cm（又はそれに近い）四角い容器を用意し、軽く水（分量外）を振りかけておく。
2. アイリッシュモスペースト以外のすべての材料を、ブレンダー（ミキサー）で完全に滑らかになるまで撹拌する。
3. アイリッシュモスペーストを加えてさらに滑らかに混ざるまで撹拌する。
4. 容器に注ぎ込み、冷蔵庫で数時間又は完全に固まるまで冷やす。
5. 5cmの正方形になるようにカットする。
6. 仕上げに刻んだ青ネギとショウガをのせ、生醤油をかけていただく。

Variation
・応用・

「通常の "豆腐"」
練りごまを1・1/4カップの浸水したカシューナッツに置き換える。

「黒ごま "豆腐"」
タヒニ又は白練りごまを、黒練りごま大さじ8（120g）か、黒ごま1・1/4カップ（120g）に置き換える。

禅うどんヌードル

5分でできる簡単ヌードル。シンプル・イズ・ベストとはこのことです。
調味料をごま油と塩だけにすることで、素材のよさが活かされます。

材料 4人分

柔らかいココナッツの果肉（ヌードル状に細くカット）	2・1/2カップ分（400g）
➡ 代用品：ケルプヌードル	
えのき茸（半分の長さに切る）	2・1/2カップ分（220g）
さやえんどう（縦半分に切る）	1/2カップ
ごま油	大さじ3
塩	小さじ1又は適量

[仕上げ]

海苔	1/4枚分（細長く切る）
青ネギ（刻む）	大さじ2
クコの実	大さじ1
黒ごま	小さじ1

1. すべての材料をボウルで混ぜ合わせる。
2. 仕上げに、海苔、青ネギ、クコの実、黒ごまを振りかける。

Memo ココナッツの果肉の代用としてケルプヌードルを使う場合は、混ぜる前によく洗って2〜3時間浸水し、しっかりと水切りします。

中華風春巻き

ジューシーで、香りのよい春巻きです。
皮をマンゴーで作ることで、色よく揚がったように見せることができます。

材料 8個分　　**必要器具** ディハイドレーター

マンゴーラップ（ディハイドレーション章参照）	2トレイ分

[ディッピングソース]

生醤油	大さじ3
ごま油	大さじ2
米酢	大さじ2
粗挽き唐辛子粉、刻んだガーリック、おろしショウガ、刻んだ青ネギ又はニラ	各小さじ1

[フィリング]

生椎茸（千切り）	5カップ（440g）
もやし	4カップ（300g）
青ネギ又はニラ（刻む）	大さじ4
ごま油	大さじ6
生醤油	大さじ4
タヒニ又は白練りごま	大さじ2
ショウガの絞り汁	大さじ2

[仕上げ]

青ネギ又はニラ	8本

1. マンゴーラップは、1トレイから4つの正方形になるようカットする。
2. ディッピングソース用の、すべての材料をボウルで混ぜ合わせる。
3. フィリング用の、すべての材料をボウルで混ぜ合わせ、ディハイドレーター用のノンスティックシートに広げ、57℃で1時間乾燥させ、柔らかくする。
4. もやしからの水分がまだ残っているようであれば、もう少し乾燥を続けるか、分量外のサイリウムハスクパウダー（オオバコパウダー）を少し加えて水分を吸収させる。
5. マンゴーラップの角が手前になるようにマンゴーラップを置き、中央部にフィリングの1/8の量をのせ、左右を折りたたみ、手前からやさしく巻いて、すべての材料をしっかりと巻きこむ（皮が破れやすくなるのでフィリングの汁は入れないようにする）。
6. 青ネギ又はニラで1つ1つ結ぶ。
7. ディッピングソースを添えていただく。

バンバンジーヌードル

バンバンジーは、元々、蒸し鶏にごまのソースをかけた四川料理。中華風のサラダに、和の味が加わり、ショウガのよく効いた甘酸っぱいゴマだれです。食欲をそそるのは、このタレが決め手。ゴマだれたっぷりで、ヌードルとお好みの野菜を絡めてお楽しみください。

材料 4人分

[ヌードル]

ケルプヌードル	2パック（約340g）
生醤油	大さじ3
米酢	大さじ3
ココナッツネクター又はお好みの液体甘味料	大さじ2・1/2
ごま油	大さじ2

[バンバンジーソース]

タヒニ又は白練りごま	大さじ8（120g）
ショウガの絞り汁	大さじ2
ニンニク	2片（みじん切り）
生醤油	大さじ4
米酢	大さじ3
ココナッツネクター又はお好みの液体甘味料	大さじ3
ごま油	大さじ1・1/2
水	大さじ2〜3

[盛り付け]

キュウリ	1〜2本（千切り）
黄色パプリカ	1個（千切り）
ニンジン	1/2本（千切り）
さやえんどう	1/2カップ
（縦半分にカット）	
青ネギ（刻む）	大さじ2
海苔	1/2枚（細く刻む）

1. ヌードルは、洗ったケルプヌードルを、たっぷりの水に1〜2時間浸水してからよく水を切り、残りの材料を混ぜ合わせ30分程置く。
2. バンバンジーソース用の、すべての材料をブレンダー（ミキサー）又はボウルで混ぜ合わせる。（ブレンダーがきちんと回転するよう、水が足りなければ少し加えて調節する）。
3. 皿にヌードルを平たく盛り付け、それぞれの千切り野菜をのせる。
4. バンバンジーソースをかけ、仕上げに青ネギと海苔を散らす。

Variation ・応用・

「ジャージャー麺」
バンバンジーソースを、クルミ味噌（➡P109 本章中華風味噌クレープ巻きのレシピ参照）に置き換える。

中華風味噌クレープ巻き

濃厚な八丁味噌を使うのが決め手です。濃くておいしい味噌ソースは、シンプルな野菜とよく合います。クレープの代わりに、大きめのレタスを使って巻いたり、市販のココナッツラップ（→P69 購入先は"チーズ"＆イタリアン章のトルテリーニwithパプリカソースのメモ参照）で手軽に楽しむこともできますよ。

材料 8個分　　**必要器具** フードプロセッサー

ココナッツラップ（ディハイドレーション章参照）	2トレイ分
→ 代用品：ペーパードーサ（→P97 インド料理章参照）又は マンゴーラップ（→P147 ディハイドレーション章参照）又は大きめレタス	
キュウリ、大根、ニンジン（千切り）	各1～1.5カップ分
コリアンダー、青ネギ	各大さじ4

[クルミ味噌]

クルミ	2/3カップ（60g）
八丁味噌又は赤味噌	大さじ5
生醤油	小さじ1・1/2
ごま油	小さじ1・1/2
米酢	小さじ1・1/2
ココナッツネクター又はお好みの液体甘味料	大さじ1
粗挽き唐辛子粉	小さじ1
ショウガ（おろす）	小さじ1
ニンニク	1片（みじん切り）

1. ココナッツラップは、1トレイから4枚の正方形になるようにカットする。（2トレイで計8枚）
2. クルミ味噌は、フードプロセッサーでクルミを細かくなるまで砕き、ボウルに移す。
3. クルミ味噌の残りのすべての材料を、フードプロセッサーで滑らかになるまで回し、クルミのボウルに加えてよく混ぜ合わせる。
4. ココナッツラップの半分のスペースを残して、ラップの上にコリアンダーと青ネギを少量ずつのせる。
5. キュウリ、大根、ニンジンを各少量ずつ、さらに約大さじ2のクルミ味噌を真ん中に沿ってのせる。
6. 手前を軽く持ち上げ、しっかりと野菜を巻く。

中華風野菜の甘酢あん"炒め"
with ココナッツヌードル

中華の定番、甘酸っぱいタレを野菜に絡めて、ディハイドレーターで温めることで、炒めたような食感と味わいを作ります。ココナッツの細切りをヌードルに見立てたアイデア料理です。

材料 4人分　　**必要器具** ブレンダー(ミキサー)、ディハイドレーター

柔らかいココナッツの果肉(ヌードル状に細くカット)	2・1/2カップ (400g)
➡ 代用品:ケルプヌードル又はスパイラルスライサーで麺状にしたズッキーニ	
パプリカ	1個(大きめさいの目切り)
マッシュルーム(厚めにスライス)	1・1/2カップ (110g)
チンゲン菜(一口サイズにカット)	1・1/2カップ (110g)
さやえんどう(縦半分にカット)	1/2カップ (50g)
ベビーコーン(縦半分にカット)	1/2カップ (65g)
パイナップル(大きめさいの目切り)	1/2カップ (110g)

[甘酢あん]

デーツペースト(➡P168 テクニック章参照)	大さじ6
➡ 代用品:ココナッツネクター又はお好みの液体甘味料 大さじ4	
生醤油	大さじ4
米酢	大さじ4
ニンニク	1片(潰す)
ごま油	大さじ2
オニオンパウダー	小さじ1
粗挽き唐辛子粉	小さじ1/4
アイリッシュモスペースト (➡P168 テクニック章参照)	大さじ8

[仕上げ]

青ネギ(刻む)	大さじ2〜3

1. 甘酢あんは、粗挽き唐辛子粉とアイリッシュモスペースト以外のすべての材料を、ブレンダー(ミキサー)で滑らかになるまで撹拌する。
2. 粗挽き唐辛子粉とアイリッシュモスペーストを加え、均等に混ざるまで撹拌する。
3. ココナッツの果肉以外のすべての材料をボウルに入れ、甘酢あんを加え混ぜる。
4. ディハイドレーター用のノンスティックシートに広げ、57℃のディハイドレーターで、1〜2時間乾燥させ柔らかくする(それ以上乾燥を続ける場合は、41〜46℃に温度を下げる)。
5. 皿にココナッツの果肉を平たく盛り付け、野菜の甘酢あんをのせる。
6. 仕上げに青ネギを散らす。

Memo ココナッツの果肉の代用としてケルプヌードルを使う場合は、混ぜる前によく洗って2〜3時間浸水し、しっかりと水切りする。

Main Dish, Japanes and Chinese

冷やしラーメン

ローでもラーメンが食べたい！ケルプヌードルの食感と濃厚な温かいスープで、大満足の一品です！
弱火でやさしくスープを温めてもおいしくいただけます。

材料 4人分　**必要器具** ブレンダー（ミキサー）、ディハイドレーター（オプション）

[ヌードル]

ケルプヌードル	2パック（約340g）
ごま油	大さじ2
塩	小さじ1/2

[ラーメンスープ]

タヒニ又は白練りごま	3/4カップ（160g）
ニンニク	2片（潰す）
白味噌	大さじ2
生醤油	大さじ2
ココナッツネクター又はお好みの液体甘味料	大さじ2
ごま油	大さじ2
粉末昆布又は無添加昆布だし	小さじ2
粗挽き唐辛子粉	小さじ1/4
水	2・1/2カップ（500ml）

[盛り付け]

もやし	2・1/2カップ（200g）
しいたけ（スライス）	2・1/2カップ（220g）
キャベツ（千切り）	2・1/2カップ（200g）
ベビーコーン（縦4等分にカット）	1・1/4カップ（130g）
さやえんどう（縦半分にカット）	1・1/4カップ（100g）
乾燥わかめ	大さじ2（4g）
（計量後10分浸水）	
ニンニク（刻む）、塩、すりごま、ごま油	各適量

[仕上げ]

海苔	1/2枚（細く刻む）
七味唐辛子又は粗挽き唐辛子粉	適量

1. ヌードルは、洗ったケルプヌードルをたっぷりの水に1〜2時間浸水してからよく水を切り、残りの材料を混ぜ合わせ30分程おく。
2. 盛り付け用の野菜を、それぞれ刻んだニンニク、塩、すりごま、ごま油で軽く和えておく。オプションで、野菜を柔らかくしたい場合は、ディハイドレーター用のノンスティックシートに広げ、57℃のディハイドレーターで、1〜2時間乾燥させ温かくしてもよい。（それ以上乾燥を続ける場合は、41〜46℃に温度を下げる）。
3. ラーメンスープ用の、すべての材料をブレンダー（ミキサー）でよく混ざるまで撹拌する。
4. スープ皿にヌードルを入れ、盛り付け用の野菜をのせる。
5. スープを注ぎ、仕上げに海苔と七味唐辛子を散らす。

Main Dish

Mexican

メキシカンフード

ベジファヒータのエンチラーダ

ベジファヒータとは、スパイスの効いた野菜炒めのようなもの。エンチラーダとは、お好みの具をトルティーヤで巻き、スパイシーなソースをかけた料理です。サワークリームでおしゃれにトッピングしたとても贅沢な一品。育ち盛りのお子様にも、ボリューム第一のお父さんにも大ウケ間違いなしです！

材料 6個分　**必要器具** ブレンダー（ミキサー）、ディハイドレーター

トルティーヤラップ
（→P146 ディハイドレーション章参照）
──── 6枚

チリソース（→P116 本章参照）
──── 2カップ（レシピ1回分）

[メキシカンマリネソース]
オリーブオイル ──── 大さじ4
オレンジジュース ──── 大さじ2
レモン汁 ──── 大さじ1/2
ニンニク ──── 1片（みじん切り）
オニオンパウダー ──── 小さじ1/2
クミンパウダー ──── 小さじ1/2
チリパウダー ──── 小さじ1/2
塩 ──── 小さじ1

[ベジファヒータ]
ズッキーニ（薄く輪切り）──── 2・1/2カップ（300g）
パプリカ（薄くスライス）──── 2・1/2カップ（380g）
赤玉ねぎ（薄くスライス）──── 1/2カップ
レーズン ──── 大さじ2
オリーブ（みじん切り）──── 大さじ2

[仕上げ]
サワークリーム（→下記参照）──── 適量
コリアンダー又はコリアンダーの葉（みじん切り）
──── 適量

1. メキシカンマリネソース用の、すべての材料をボウルで混ぜ合わせる。
2. ベジファヒータ用の、すべての野菜をメキシカンマリネソースで和え、ディハイドレーター用のノンスティックシートに広げ、57℃のディハイドレーターで、1〜2時間乾燥させ柔らかくする。
3. ボウルに移し、水分が残っているようであれば、もう少し長い時間乾燥を続けるか、小さじ1〜3程のサイリウムパウダー（分量外）を加え混ぜ、水分を吸収させる。
4. トルティーヤラップを広げ、その半分のスペースを残して、1/2カップ強のベジファヒータを広げる。（手前を軽く持ち上げ、すべての具をしっかりと巻きこむ）。
5. 大さじ3〜4のチリソースをトルティーヤの上に広げ、サワークリームを絞り出し、仕上げにコリアンダーを散らす。
6. 57℃のディハイドレーターで、30分〜1時間温める。

Variation ・応用・

「コーンとマッシュルーム入りエンチラーダ ナチョチーズ風味」
ベジファヒータの野菜を以下の具に置き換え、メキシカンマリネソースの代わりにナチョチーズ（→P117 本章参照）と混ぜ合わせます。
とうもろこしの実又は冷凍コーン 2・1/2カップ分（340g）（冷凍の場合は解凍する）、マッシュルーム（スライス）2・1/2カップ分（220g）、パプリカ（薄くスライス）1・1/2カップ分（180g）、コリアンダー（刻む）大さじ2

「エンチラーダwithヒマワリの種リフライドビーンズ」
ベジファヒータの野菜を、ヒマワリの種リフライドビーンズ（→P116 本章参照）を具として置き換えます。

Main Dish, Mexican

ヒマワリの種リフライドビーンズ

ヒマワリの種が、マッシュした豆の食感と風味を出してくれます。

材料 3カップ分　　**必要器具** フードプロセッサー

ヒマワリの種 ———— 1・1/2カップ（180g）（計量後浸水）	チポレパウダー ———— 小さじ1/2
白練りごま又はタヒニ ― 大さじ2	➡ 代用品：スモークパプリカとチリパウダー各小さじ1/2
オリーブオイル ———— 小さじ2	
ニンニク ———— 1片（潰す）	コショウ ———— 小さじ1/4
塩 ———— 小さじ1	水 ———— 大さじ4
クミンパウダー ———— 小さじ2	
パプリカパウダー ———— 小さじ2	

1. すべての材料をフードプロセッサーで、お好みで食感が残る程度、又は滑らかになるまで回す（フードプロセッサーがきちんと回転するよう、水が足りなければ少し加えて調節する）。

チリソース

スパイシーな味がお好きな方はチリの量を足してもOK。ラテンのヒートをお楽しみください！

材料 2カップ分　　**必要器具** フードプロセッサー

ドライトマト ———— 2/3カップ（計量後30分浸水）	チポレパウダー ———— 小さじ1
赤唐辛子 ———— 5〜10本（みじん切り）	➡ 代用品：スモークパプリカ、チリパウダー各小さじ1
オリーブオイル ———— 大さじ4	クミンパウダー ———— 小さじ1/2
ニンニク ———— 1片（潰す）	ドライオレガノ ———— 小さじ1/2
ココナッツネクター又はお好みの液体甘味料 ———— 大さじ1	塩 ———— 小さじ1
オニオンパウダー ———— 大さじ1/2	

1. すべての材料をフードプロセッサーで滑らかになるまで回す（フードプロセッサーがきちんと回転するよう、水が足りなければ少し加えて調節する）。

ナチョチーズ

ナチョチーズとはメキシコ料理のナチョス（コーンチップスにいろいろな具と、たっぷりのチーズをのせて焼いた料理）にでてくるあのとろりとした、コクのあるチーズです。
チーズ好きを満足させるこのナチョチーズは、何にかけてもおいしい！
ディップに、スプレッドに、もちろんコーンチップスにかけたりと、お楽しみください。

材料 2・1/2カップ分　**必要器具** ブレンダー（ミキサー）

カシューナッツ — 1・1/4カップ（130g）（計量後浸水）	白練りごま又はタヒニ — 大さじ1
黄パプリカ — 1個（ざく切り）	オニオンパウダー — 小さじ2
ニンニク — 1片（潰す）	塩 — 小さじ1
オリーブオイル — 大さじ2	パプリカパウダー — 小さじ1/2
レモン汁 — 大さじ2	ターメリックパウダー（色づけのためのオプション） — 小さじ1/2
ニュートリショナルイースト — 大さじ1・1/2	水 — 大さじ8（120ml）
白味噌 — 大さじ1	

1. すべての材料をブレンダー（ミキサー）で滑らかになるまで撹拌する。

サワークリーム

とっても簡単で、驚くほどおいしいサワークリーム。本物顔負けです。

材料 2・1/2カップ分　**必要器具** ブレンダー（ミキサー）

カシューナッツ — 2・1/2カップ（260g）（計量後浸水）	りんご酢 — 大さじ1
レモン汁 — 大さじ4	塩 — 小さじ2
オリーブオイル — 大さじ4	水 — 大さじ8（120ml）

1. すべての材料をブレンダー（ミキサー）で滑らかになるまで撹拌する（ブレンダーがきちんと回転するよう、水が足りなければ少し加えて調節する）。

Variation ・応用・
「カシューチーズ」
塩を小さじ1/2に減らし、白味噌とニュートリショナルイースト各大さじ1を追加して、撹拌する。

ナチョス

ナチョスなしではメキシカン章は始まりません！メキシカンのおいしいとこ取りのナチョスは、それぞれのソースを大胆にかけて楽しみましょう。

|材料| **お好みの分量**

コーンチップス（➡P146 ディハイドレーション章のトルティーヤラップレシピの応用参照）
レタス（千切り）
オリーブ（薄切り）
マンゴーサルサ（➡P123 本章参照）又はトマト（刻む）
ワカモーレ（➡P123 本章参照）
ナチョチーズ（➡P117 本章参照）

1. 皿にコーンチップスを敷き、次にその他の材料をのせ、最後にナチョチーズをかける。

メキシカンラザニア

工夫をこらした新しいラザニアです。時間と努力を費やす価値がありますよ。黄色、白、赤の層がカラフルでとても美しい、おしゃれで特別な一品です。

|材料| 約8人分（18×24cmサイズの角皿）　|必要器具| ブレンダー（ミキサー）、フードプロセッサー、ディハイドレーター、18×24cmのラザニア用容器又は長方形の深めの容器

トルティーヤラップ（➡P146 ディハイドレーション章参照）	レシピ1回分
サワークリーム（➡P117 本章参照）	レシピ1回分
メキシカンビーツパテ（➡P122 本章参照）	レシピ1回分
ほうれん草（ニンニクとオリーブオイル、塩で軽く和える）	10カップ分
マンゴーサルサ（➡P123 本章参照）	レシピ1回分

[仕上げ]

アボカド	2個（薄切り）
ふわふわ"パルメザン"（➡P55 サラダトッピング章参照）	適量

1. ラザニア用の容器の底に収まるようにトルティーヤラップ（必要であればカット）を敷き詰める（破れたものや、余りのものを継ぎ足して敷き詰めてもOK）。
2. メキシカンビーツパテの半量と、和えたほうれん草をその上に広げ、その上からサワークリームの1/3の量、さらにマンゴーサルサの1/3の量を伸ばし広げる。
3. 1と2を繰り返す。
4. 上から再度、トルティーヤラップ（必要であればカット）を敷き詰める。
5. 仕上げにスライスしたアボカドを並べ、残りのサワークリームとマンゴーサルサで飾る。
6. 2〜3時間、57℃のディハイドレーターで温める（それ以上温め続ける場合は41〜46℃に下げる）。
7. 仕上げにふわふわ"パルメザン"を振りかける。

メキシカンビーツパテ

赤味噌とオニオンパウダーのスパイス使いで肉風味に。ビーツの色がより一層お肉のような演出をします。ナッツを使わずビーツジュースの搾りかすを使っているので、とても軽い仕上がりです。

材料 5カップ分　**必要器具** フードプロセッサー

ドライトマト	1・1/2カップ（計量後30分浸水）
ニンニク	1片（潰す）
オリーブオイル	大さじ3
赤味噌	大さじ1
生醤油	大さじ1
オニオンパウダー	大さじ1
クミンパウダー	大さじ1
チポレパウダー	小さじ1/2

→ 代用品：スモークパプリカ、チリパウダー 各小さじ1/2

スモークパプリカパウダー	小さじ1/2

→ 代用品：なければ通常のパプリカを使用

薫製塩	小さじ1/2

→ 代用品：なければ通常の塩を使用

ビーツジュースの搾りかす	3・3/4カップ

→ 代用品：ニンジンジュースの搾りかす

1. ビーツジュースの搾りかす以外のすべての材料を、フードプロセッサーで滑らかになるまで回す。
2. ボウルに移し、ビーツジュースの搾りかすを加えて、均等に混ざるまでよく混ぜる。

Variation ・応用・

「メキシカンクルミパテ」
よりお肉のようにどっしりと質感のあるパテにしたい場合は、ビーツジュースの搾りかすを浸水したクルミで置き換えます。

マンゴーサルサ

マンゴーの甘酸っぱさが、スパイシー料理にぴったりです。

材料 5カップ分

マンゴー（小さいさいの目切り）	5カップ分（660g）
➡ 代用品：トマト又はパイナップル	
赤タマネギ（みじん切り）	大さじ2
ニンニク	1片（みじん切り）
ハラペーニョ唐辛子	1本又は適量（種を取ってみじん切り）
➡ 代用品：フレッシュチリ	
レモン又はライム汁	適量
コリアンダー（みじん切り）	適量
塩	適量
粗挽きコショウ	適量

1. すべての材料をボウルでよく混ぜ合わせる。

ワカモーレ

簡単でおいしい、大人気のディップです！

材料 約2カップ分

アボカド	1個（フォーク等でマッシュする）
トマト	1個（種を取り小さいさいの目切り）
ニンニク	1片（みじん切り）
レモン又はライム汁	適量
コリアンダー（みじん切り）	適量
塩	適量

1. すべての材料をボウルでよく混ぜ合わせる。

Main Dish

Middle Eastern and Mediterranean

中近東＆地中海料理

ファラフェル

中近東料理の定番中の定番、ひよこ豆コロッケを、ナッツや種を使ってローでヘルシーに再現しました。ハーブやスパイスをたっぷり使った独特の味わいと、外はかりっと、中はしっとりした食感を楽しんでください。タヒナソース（→下記参照）やハモス（→P126 本章参照）との相性は絶妙です。

材料 約20個分　必要器具 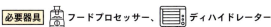 フードプロセッサー、ディハイドレーター

アーモンド	2カップ（210g）（計量後浸水）
カボチャの種又はヒマワリの種	2/3カップ（70g）（計量後浸水）
ドライトマト	2/3カップ（計量後30分浸水）
コリアンダー（刻む）	大さじ3
パセリ（刻む）	大さじ3
ニンニク	1片（潰す）
タヒニ又は白練りごま	大さじ4
レモン汁	大さじ2
オリーブオイル	大さじ1
生醤油	大さじ1
クミンパウダー	大さじ1
塩	小さじ1/2
コショウ	小さじ1/4
カイエン又はチリパウダー	小さじ1/4

[付け合わせ]
タヒナソース（→下記参照） 適量

1. アーモンドとカボチャの種以外のすべての材料をフードプロセッサーでピューレ状になるまで回す。
2. アーモンドとカボチャの種を加えて、フードプロセッサーを回して細かくする。
3. 食感が残るように軽く回してすぐ止め、ゴムベラで回りについた材料をすくいとり、また軽く回す。それを繰り返し、回し過ぎを防ぐ。
4. ボウルに移してから直径4cmの球状に丸め、ディハイドレーター用のメッシュシートに並べる。
5. 57℃のディハイドレーターで、1時間乾燥させ、その後温度を41～46℃に下げ、内側は柔らく、外側は完全に乾くまで数時間乾燥を続ける。
6. タヒナソースを添えていただく。

タヒナソース

デリシャスな本格的ごまペーストのソースは、あっという間に完成です。

材料 1・1/2カップ分　必要器具 ブレンダー（ミキサー）

タヒニ又は白練りごま	大さじ8（120g）
水	大さじ8（120ml）
レモン汁	大さじ4
ニンニク	1片（潰す）
塩	小さじ1
クミンパウダー	小さじ1/4
パセリ（刻む）	小さじ2（オプション）

1. パセリ以外のすべての材料をブレンダー（ミキサー）で撹拌する。
2. パセリを加え、数秒間撹拌する。

Main Dish, Middle Eastern and Mediterranean

ハリッサ　〜スパイシーチリソース〜

ハリッサとは、北アフリカや中近東発祥の、辛いチリペーストです。ファラフェルやシチュー、スープ等によく添えられます。冷蔵庫に常備して、何か辛い刺激がほしいときに登場させましょう。

材料 2・1/2カップ分　**必要器具** ブレンダー（ミキサー）

ドライトマト ——————— 2カップ（計量後30分浸水）	ココナッツネクター又はお好みの液体甘味料 —————————— 大さじ1
赤唐辛子 ——————— 5〜10本又は適量	オニオンパウダー ——— 大さじ1
（種を取り、刻む）	クミンパウダー ——— 大さじ1
オリーブオイル ——— 大さじ2	キャラウェイシード ——— 小さじ1
スモークパプリカパウダー ——— 大さじ1	塩 ——————— 小さじ1/2又は適量
➡ 代用品：なければ通常のパプリカを使用	

1. すべての材料をブレンダー（ミキサー）で滑らかになるまで撹拌する（ブレンダー（ミキサー）がきちんと回転するよう、水が足りなければ少し加えて調節する）。

カレー風味のハモス
〜中近東のごまペーストディップ〜

世界中で愛されるハモス。スタンダードなお味もいいけれど、少しのアイデアを加えて、バリエーションを楽しみましょう。ほんのりカレー味のハモスは、お子様にも人気です。

材料 2カップ分　**必要器具** ブレンダー（ミキサー）

白ごま ——————— 1・1/4カップ（120g）	オリーブオイル ——— 大さじ2
（計量後1時間浸水）	生醤油 ——————— 小さじ2
ズッキーニ（皮をむき、ざく切り）— 1カップ（100g）	塩 ——————— 小さじ1
ニンニク ——————— 2片（潰す）	クミンパウダー ——— 小さじ2
タヒニ又は白練りごま ——— 大さじ4	カレー粉 ——————— 小さじ2
レモン汁 ——————— 大さじ2	コショウ ——————— 小さじ1/4

1. すべての材料をブレンダー（ミキサー）で滑らかになるまで撹拌する（ブレンダー（ミキサー）がきちんと回転するよう、水が足りなければ少し加えて調節する）。

> **Memo** 通常のハモスがお好みの場合は、カレー粉を省略します。

パプリカ風味のハモス

いつものハモスに何かパンチを効かせたいときに試してみてください。クラッカーだけでなく、ファラフェルの付け合わせやラップ、サンドイッチにもよく合います！

材料 1・1/2カップ分　　**必要器具** ブレンダー（ミキサー）

パプリカ（ざく切り） —— 2カップ分（255g）	レモン汁 —— 大さじ2
白ごま —— 1・1/4カップ（120g）（計量後1時間浸水）	オリーブオイル —— 大さじ2
ニンニク —— 2片（潰す）	塩 —— 小さじ1・1/2
タヒニ又は白練りごま —— 大さじ4	クミンパウダー —— 小さじ1

1. すべての材料をブレンダー（ミキサー）で滑らかになるまで撹拌する（ブレンダー（ミキサー）がきちんと回転するよう、水分が足りなければ少しの水又はパプリカを加えて調節する）。

地中海風パプリカのナッツ詰め

パプリカ嫌いのお子様も、満足感のほしいお父さんも、カラフルでボリュームたっぷり！
家族の喜ぶお洒落な料理です。パプリカは、ピーマンでも代用できます。

材料 8個分　**必要器具** フードプロセッサー、ディハイドレーター

パプリカ ── 小4個	レモン汁 ── 大さじ2
→ 代用品：ピーマン	オリーブオイル ── 大さじ2
（縦半分にカットし、軽くオリーブオイルと塩を塗る）	ニュートリショナルイースト ── 小さじ2
カシューホワイトソース（→下記参照） ── 2カップ	オニオンパウダー ── 小さじ2
	塩 ── 小さじ1/2
[フィリング]	コショウ ── 小さじ1/4
アーモンド ── 1・1/4カップ（140g）（計量後浸水）	
ドライトマト ── 1/4カップ（計量後30分浸水）	[仕上げ]
オリーブ ── 大さじ4（種を取る）	ふわふわ "パルメザン" 又は
レーズン ── 大さじ4	シェイブド "パルメザン"（→P55
ニンニク ── 1片（潰す）	サラダトッピング章参照）── 適量
フレッシュオレガノ（刻む）── 大さじ1	
又はドライオレガノ 小さじ1	

1. フィリング用の、すべての材料をフードプロセッサーで均等に細かくなるまで回す（食感が残るように軽く回して、すぐ止め、ゴムベラで回りについた材料をすくいとり、また軽く回す。それを繰り返し、回し過ぎを防ぐ）。
2. それぞれのパプリカにフィリングを詰め、その上にカシューホワイトソースをかけるスペースを少し残しておく。
3. 残したスペースに、カシューホワイトソースを詰める。
4. ディハイドレーター用のメッシュシートに並べ、57℃のディハイドレーターで、パプリカが柔らかくなるまで1〜2時間乾燥させる（それ以上乾燥を続ける場合は、41〜46℃に温度を下げる）。
5. 仕上げに "パルメザン" を散らす。

カシューホワイトソース

乳製品なし、グルテンフリーのクリームソースです！

材料 2・1/2カップ分　**必要器具** ブレンダー（ミキサー）

カシューナッツ ── 1・3/4カップ（170g）	ニュートリショナルイースト ── 小さじ4
（計量後浸水）	イタリアンドライハーブミックス ── 小さじ1/2
水 ── 340ml	サイリウムハスクパウダー（オオバコパウダー）
塩 ── 小さじ1	── 小さじ4

1. サイリウムハスクパウダー以外のすべての材料を、ブレンダー（ミキサー）で撹拌する。
2. サイリウムハスクパウダーを加え、均等に混ざるまで撹拌する。

タブーレ
〜地中海風パセリのサラダ〜

発芽させたキヌアを使った、パセリたっぷりのスーパーヘルシーサラダです。オリーブオイル、レモン、塩、コショウを大胆に使うのがおいしさのポイントです。

材料 3〜4人分

発芽させたキヌア（→P165 発芽の仕方はテクニック章参照）	1・1/4カップ
オリーブオイル	大さじ6
レモン汁	大さじ4
赤タマネギ	1/8個（みじん切り）
ニンニク	3片（みじん切り）
塩	小さじ1・1/2又は適量
粗挽き黒コショウ	小さじ1
パセリ（みじん切り）	2・1/2カップ（100g）
トマト（種を取り、小さいさいの目切り）	2・1/2カップ（360g）
キュウリ（小さいさいの目切り）	1・1/4カップ（150g）

1. パセリ、トマト、キュウリ以外のすべての材料を、ボウルでよく混ぜ合わせる。
2. 食べる直前に、パセリ、トマト、キュウリを混ぜ合わせる。

ティロキャフェテリ
〜スパイシー"フェタ"ディップ〜

私のお気に入り！ほんのり辛みの効いた濃厚なチーズ風味のディップです。ブレッドやクラッカーにつけるだけでなく、ピタチップス（→P95インド料理章チャパティの応用参照）に添えたり、サンドイッチのスプレッドにしたりと大活躍です。

| 材料 3〜3・3/4カップ分 | 必要器具 ブレンダー（ミキサー）又は フードプロセッサー |

カシューナッツ	2・1/2カップ（260g）（計量後浸水）
水	大さじ4
オリーブオイル	大さじ4
レモン汁	大さじ2
ニュートリショナルイースト	大さじ2
→ 代用品：白味噌 大さじ1	
塩	小さじ1
パプリカパウダー	小さじ1
粗挽き唐辛子粉	小さじ1

1. すべての材料をブレンダー（ミキサー）で滑らかになるまで撹拌する。

Main Dish, Middle Eastern and Mediterranean

Main Dish

Spanish

スペイン料理

イカリング"フライ"
with ガーリックマヨネーズ&
スパイシートマトソース

ココナッツをマリネして、イカリング"フライ"に見立てました。見た目のインパクトで、家族や友達を驚かせましょう。

材料 4カップ分

固めのフレッシュココナッツの果肉 ──── 2・1/2カップ分（400g）
魚風マリネソース（→P75 チーズ&イタリアン章のココナッツのサーモン風刺身カルパッチョレシピを参照：ビーツと
ニンジンミックスジュースの代わりに水で代用して作る）── レシピ1回分

["パン"粉]
ナッツフラワー（ナッツパルプを乾燥し、粉末にしたもの）（→P163 テクニック章のメモ参照）
──────────────── 1・1/4カップ
　→ 代用品：アーモンドパウダー
イタリアンドライハーブミックス ──── 小さじ1/2
ニュートリショナルイースト ──── 小さじ2
塩 ──── 小さじ1/4

[付け合わせ]
アリオリソース 〜ガーリックマヨネーズ〜（→P82 アメリカンダイナー章のマヨネーズの応用参照）
又はサルサブラバス（→P135 本章参照）──── 適量

1. ココナッツの果肉を1.5cmの太さで細長くカットし、魚風マリネソースでよく和え、2〜3時間又は冷蔵庫で一晩漬け込む。
2. "パン"粉用の、すべての材料をボウルで混ぜ合わせる。
3. 漬け込んだココナッツの果肉をザルに上げ、水気をよく切る。
4. ココナッツを"パン"粉でまぶす。
5. つまようじを使用して、ココナッツの両端をつなぎ、輪っか状にする。
6. アリオリソース又はサルサブラバスを添えていただく。

パタタブラバス
～"フライド"ポテト with サルサブラバス～

スペインで最も人気のお気軽スナック。オリジナルはフライドポテトに、スパイシートマトソースと、お好みでマヨネーズをかけたもの。ローバージョンではヒカマ（クズイモ）を使い、フレッシュで、歯ごたえよく仕上げました。

材料 お好みの分量

フライドポテト風ヒカマウェッジーズ（➡P85 アメリカのダイナー章参照）の切り方を変えたもの
（➡切り方は下記行程を参照）
アリオリソース ～ガーリックマヨネーズ～（➡P82 アメリカンダイナー章のマヨネーズの応用参照）
——————————————————————————— 適量
サルサブラバス（➡下記参照）——————— 適量
パセリ（刻む）————————————— 大さじ2～3

1. ヒカマは、くし形の代わりにフィンガーサイズにカットし、「フライドポテト風ヒカマウェッジーズ（➡P85 アメリカンダイナー章参照）」のレシピの行程に従って作る。
2. アリオリソースとサルサブラバスを同量ずつ混ぜ合わせ、ヒカマにかける。
3. 仕上げにパセリを散らす。

サルサブラバス
～スパイシースペイン風トマトソース～

酸味とスモーキーさ、心地よい刺激のある辛さが、このソースをスペシャルに演出します。スペインを思い出させる味です。

材料 2カップ分　**必要器具** フードプロセッサー

ドライトマト	2/3カップ（計量後30分浸水）
トマト（ざく切り）	1・1/4カップ分
ニンニク	1片（潰す）
オリーブオイル	大さじ3
オニオンパウダー	小さじ2
パプリカパウダー	小さじ2
りんご酢	小さじ1
ココナッツネクター又はお好みの液体甘味料	小さじ1
塩	小さじ1/2
チリパウダー	小さじ1/4又は適量

1. すべての材料をフードプロセッサーで滑らかになるまで回す。

スペイン風オムレツ

ボリュームたっぷりのオムレツ。お子様からお年寄りまで誰にでも喜ばれる一品です。
スペイン風にサンドイッチにはさんだり、小さく切ってピンチョスにしても。

材料 直径15cmのオムレツ2個分（6人分）　　**必要器具** ブレンダー（ミキサー）

[フィリング]

ほうれん草（ざく切り）	5カップ分（200g）
マッシュルーム（スライス）	2・1/2カップ分（110g）
オリーブオイル	大さじ1
生醤油	小さじ2
トマト	1個（薄く輪切り）

[オムレツ]

カシューナッツ	1・1/4カップ（130g）（計量後浸水）
オリーブオイル	大さじ3
ニュートリショナルイースト	大さじ2
水	大さじ2
ブラックソルト（➡P16 ローキッチンの常備品参照）	小さじ1/2
オニオンパウダー	小さじ1
粗挽きコショウ	小さじ1/2
ターメリックパウダー	小さじ1/2
ココナッツネクター又はお好みの液体甘味料	小さじ1/2
粉末にしたフラックスシード（➡P167 粉末の仕方はテクニック章参照）	大さじ8

[付け合わせ]

サルサブラバス（➡P135本章参照）	適量（オプション）

1. フィリングの、ほうれん草とマッシュルームを、オリーブオイルと生醤油で30分マリネする。
2. オムレツ用の、フラックスシード以外のすべての材料を、ブレンダー（ミキサー）で撹拌する（フードプロセッサーがきちんと回転するよう、水分が足りなければ、ほうれん草とマッシュルームのマリネから出る汁を加えて調節する）。
3. ボウルに移し、ザルに上げて水分を切ったほうれん草とマッシュルームのマリネと、フラックスシードを加え均等になるようよく混ぜ合わせる。
4. 生地を半分に分け、それぞれを、ディハイドレーター用のノンスティックシートに、直径15cmの円になるように広げ、57℃のディハイドレーターで、2～3時間乾燥させ表面を乾かす。
5. 41～46℃に温度を下げ、メッシュシートに反転し、輪切りにしたトマトを、オムレツの表面に軽く押し込むように並べ、数時間乾燥を続ける。
6. お好みで、サルサブラバスを添えていただく。

デーツの"ベーコン"巻き

スペイン人の友達に教わった、意外さに驚いた前菜です。デーツの甘さと、"ベーコン"の塩辛さ、スパイシーさが絶妙の組み合わせ。ぜひお試しください！

材料 お好みの分量

ナス"ベーコン"（➜ P29 朝食章参照）
デーツ（形があまり崩れないよう、やさしく種を取る）
クルミ（半分にカット）（オプション）

1. デーツとクルミを1つずつ、ナス"ベーコン"で巻き、つまようじを刺して固定する。

Variation ・応用・　軽く塩とオリーブオイルで和えたアスパラガスやインゲン等を巻いても、素敵な前菜になります。

ピンチョス　〜ミニオープンサンドイッチ〜

スペインのバルで出される軽食で、パンにいろいろなものをのせたフィンガーフード。見た目が美しく、お子様も大喜びです。パーティーで作って、みんなでおいしさを楽しくシェアしましょう。

材料 お好みの分量

ガーリックブレッド（➜ P141 ディハイドレーター章参照）
スライストマト、スライスアボカド、オリーブ、発酵なし又は発酵させた"チェダーチーズ"、"モッツァレラチーズ"（➜ P61、63 "チーズ"＆イタリアン章参照）、ナス"ベーコン"（➜ P29 朝食章参照）等、お好みのトッピング

1. ガーリックブレッドを皿に並べ、お好みのトッピングをのせる（必要であればつまようじを刺して固定する）。

Main Dish, Spanish

Dehydration Snacks and Breads, Crackers, and Wraps

ディハイドレーションスナック、ブレッド、クラッカー＆ラップ

ガーリックブレッド

冷凍庫にたまったナッツミルクの搾りかすを使う一番の方法です。とても軽い仕上がりなので、こってりとしたディップや"バター"がよく合います。

|材料| 18cmのブレッド1本分　|必要器具| ディハイドレーター

ナッツパルプ（ナッツミルクを作った後の残りかす）（➡P163 テクニック章のメモ参照）	3・3/4カップ
アイリッシュモスペースト（➡P168 テクニック章参照）	大さじ8
➡ 代用品：サイリウムハスクパウダー 小さじ2と水120ml	
粉末にしたフラックスシード（➡P167 粉末の仕方はテクニック章参照）	大さじ8
オリーブオイル	大さじ4
水	大さじ4
ニンニク	2片（みじん切り）
塩	小さじ1

1. ボウルにすべての材料を入れ、手でよく混ぜる。
2. 生地を長さ約18cmの円柱状に型成する（ナッツパルプの乾燥具合によって、生地がドライでまとまらない場合は、水を少し足してまとめる）。
3. ディハイドレーター用のノンスティックシートにのせ、41～46℃で約3時間乾燥させる。
4. ディハイドレーターから取り出し、まな板の上で1cmの厚さにスライスする。
5. メッシュシートに並べ、内側は柔らく、外側は完全に乾くまで、乾燥を続ける。

Dehydration Snacks and Breads, Crackers, and Wraps

パンパーニッケル風ブレッド

ドイツのサワーブレッドのような仕上がりです。クルミのペーストがコクを出し、キャラウェイシードがライ麦パンのような風味を出してくれます。

材料 20cmのブレッド1本分　**必要器具** フードプロセッサー、ディハイドレーター

クルミ	2・1/2カップ（240g）（計量後浸水）
レーズン	大さじ4（40g）
水	大さじ8（120ml）
ナッツパルプ（ナッツミルクを作った後の残りかす）（→P163 テクニック章のメモ参照）	2・1/2カップ
アイリッシュモスペースト（→P168 テクニック章参照）	大さじ4
→代用品：サイリウムハスクパウダー小さじ1と水大さじ4	
粉末にしたフラックスシード（→P167 粉末の仕方はテクニック章参照）	大さじ4
オリーブオイル	大さじ3
キャラウェイシード	小さじ1
塩	小さじ1・1/2

1. フードプロセッサーでクルミとレーズンと水をピューレ状になるまで回す。
2. ボウルに移し、残りのすべての材料を加えて手でよく混ぜる。
3. 生地を約20cmの円柱状に型成する（ナッツパルプの乾燥具合によって、生地がドライでまとまらない場合は水を少し足してまとめる）。
4. ディハイドレーター用のノンスティックシートにのせ、41〜46℃で約3時間乾燥させる。
5. ディハイドレーターから取り出し、まな板の上で1cmの厚さにスライスする。
6. メッシュシートに並べ、内側は柔らく、外側は完全に乾くまで、乾燥を続ける。

ピザクラスト

分厚くザクザク感のある、ピザクラストです。これだとピザを食べた後のあの重い感覚が残りません。フードプロセッサーで混ぜすぎないで、ナッツのチャンキーさを残すのがポイントです。

| 材料 ディハイドレーターの1トレイ分 | 必要器具 フードプロセッサー、ディハイドレーター |

ズッキーニ（皮をむき、ざく切り）	3・3/4カップ（400g）
ヒマワリの種	1・1/4カップ（140g）（計量後浸水）
カボチャの種	1・1/4カップ（140g）（計量後浸水）
イタリアンドライハーブミックス	小さじ1
塩	小さじ1/2
粉末にしたフラックスシード（→P167 粉末の仕方はテクニック章参照）	1・1/4カップ

1. フラックスシード以外のすべての材料を、フードプロセッサーで回し細かくする（食感が残るよう、軽く回して、すぐ止め、ゴムベラで回りについた材料をすくいとり、また軽く回すの繰り返しで、回し過ぎを防ぐ）。
2. 粉末にしたフラックスシードを加え、軽く回す（完全に混ざらない場合は、ボウルに移して、よく混ぜ合わせる）。
3. ディハイドレーター用のノンスティックシートに、1つの大きな円になるように均等に広げる。
4. 8個になるように、スパチュラ又は包丁の背で線を入れる（又はお好みのサイズになるように線を入れる）。
5. 41～46℃のディハイドレーターで、表面が完全に乾燥するまで、約8時間乾燥させる。
6. 表面が完全に乾燥したら、メッシュシートに反転し、完全に乾くまで乾燥させる。

Dehydration Snacks and Breads, Crackers, and Wraps

オニオンブレッド

ディハイドレーターからの玉ねぎの香りがたまりません。翌日が待ち遠しくなりますよ。大人気のこのオニオンブレッドに、マヨネーズ（→P82 アメリカンダイナー章参照）をたっぷり塗って、新鮮なレタス、アボガド、トマトを挟めば、食べ応え満点のサンドイッチに。私の一押し定番料理です。

材料 ディハイドレーターの1トレイ分（9個分）　**必要器具** フードプロセッサー、ディハイドレーター

玉ねぎ（薄くスライス）	5カップ（640g）
生醤油	大さじ3
オリーブオイル	大さじ3
クルミ又はヒマワリの種	2カップ（200g）（計量後浸水）
ズッキーニ（皮をむき、ざく切り）	2カップ（200g）
粉末にしたフラックスシード（→P167 粉末の仕方はテクニック章参照）	1カップ

1. 玉ねぎを生醤油とオリーブオイルで30分〜1時間マリネする。
2. フードプロセッサーでクルミとズッキーニを細かくする。
3. マリネした玉ねぎを加えて回し、食感が残る程度で止める。
4. ボウルに移し、フラックスシードを加えてよく混ぜる。
5. ディハイドレーター用のノンスティックシート1枚に均等に広げる。
6. 9個の正方形になるように、スパチュラ又は包丁の背で、縦と横に2本ずつの線を入れる（又はお好みのサイズになるように線を入れる）。
7. 41〜46℃のディハイドレーターで、表面が完全に乾燥するまで、約8時間乾燥させる。
8. 表面が完全に乾燥したら、メッシュシートに反転し、内側は柔らく、外側は完全に乾くまで数時間乾燥を続ける。

キャロットクラッカー

ニンジンジュースを作った後の搾りかすを使ったアイデア料理です。

材料 ディハイドレーターの2トレイ分（18個分）　**必要器具** ディハイドレーター

フラックスシード	大さじ8（計量後、2・1/2カップの水に3時間以上浸水）
ニンジンジュースの搾りかす	2・1/2カップ
➡ 代用品：みじん切りにしたお好みの野菜	
ヒマワリ又はカボチャの種等お好みの種	1・1/4カップ（140g）（計量後浸水）
塩	小さじ1
粉末にしたフラックスシード（➡ P167 粉末の仕方はテクニック章参照）	大さじ8

1. すべての材料（フラックスシードを浸水した水も含む）をボウルでよく混ぜ合わせる。
2. ディハイドレーター用のノンスティックシート2枚に均等に広げる。
3. 9個の正方形になるように、スパチュラ又は包丁の背で、縦と横に2本ずつの線を入れる。（又はお好みのサイズになるように線を入れる）。
4. 41〜46℃のディハイドレーターで、表面が完全に乾燥するまで、約8時間乾燥させる。
5. 表面が完全に乾燥したら、メッシュシートに反転し、完全に乾くまで乾燥させる。

Dehydration Snacks and Breads, Crackers, and Wraps

トルティーヤラップ

このラップはそのままでもとってもおいしい！ ナチョスチーズ味のコーンチップスのような風味です。どんなメキシカンのフィリングともマッチします。

材料 ディハイドレーターの3トレイ分（ラップ12枚分）　　**必要器具** ブレンダー（ミキサー）、ディハイドレーター

とうもろこしの実又は冷凍コーン	2・1/2カップ（340g）（冷凍コーンの場合は解凍する）
黄パプリカ（ざく切り）	2・1/2カップ（340g）
ズッキーニ（皮をむき、ざく切り）	2・1/2カップ（270g）
玉ねぎ	1/4個分（ざく切り）
カシューナッツ	2/3カップ（65g）（計量後浸水）
レモン汁	大さじ1
ニュートリショナルイースト	大さじ1
塩	小さじ1/2
クミンパウダー	小さじ1/2
チリパウダー	小さじ1/4
サイリウムハスクパウダー（オオバコパウダー）	大さじ2

1. サイリウムハスクパウダー以外のすべての材料をブレンダー（ミキサー）で滑らかになるまで撹拌する。
2. サイリウムハスクパウダーを加え数秒間撹拌し、完全に混ざらない場合は、ボウルに移して均等に混ぜ合わせる。
3. ディハイドレーター用のノンスティックシート3枚に、0.4cmの厚さに均等に広げる。
4. 41～46℃のディハイドレーターで、約8時間乾燥させ、完全に乾燥するまで、ただし柔軟性のあるうちに乾燥を止める。
5. 1枚のトレイから4つの正方形にカットする。

Variation
・応用・

「コーントルティーヤチップス」
トルティーヤラップを小さめの三角形にカットし、ディハイドレーターのメッシュシートにのせて、完全に乾くまで乾燥させる。

マンゴー（パパイヤ）ラップ

簡単に作れて、オールマイティーに活躍してくれるラップです。春巻き、トルテリーニ、クレープ等に使えます。マンゴーやパパイヤが手に入らないときは、他のフルーツでも代用可能ですが、ペーパードーサ（➡P97 インド料理章参照）をラップ代わりにしてもよいでしょう。

材料 ディハイドレーターの2トレイ分　　**必要器具** ブレンダー（ミキサー）、ディハイドレーター

マンゴー又はパパイヤ（ざく切り）── 6カップ分（800g）

1. すべての材料をブレンダー（ミキサー）で滑らかになるまで撹拌する。
2. ディハイドレーター用のノンスティックシート2枚に均等に広げる。
3. 41〜46℃のディハイドレーターで、約8時間乾燥させ、完全に乾燥するまで、ただし柔軟性のあるうちに乾燥を止める。

ココナッツラップ

マシュー・ケニーの本『Entertaining in the Raw』にインスパイアされたレシピです。グルメローフードに大活躍のココナッツラップ。ココナッツの果肉が手に入らないときは、マンゴー（パパイヤ）ラップ（➡上記参照）や、ペーパードーサ（➡P97 インド料理章参照）をラップ代わりにするとよいでしょう。

材料 ディハイドレーターの2トレイ分　　**必要器具** ブレンダー（ミキサー）、ディハイドレーター

柔らかいココナッツの果肉 ──────── 4カップ（600g）
サイリウムハスクパウダー ──────── 小さじ1

1. ココナッツの果肉をブレンダー（ミキサー）で完全に滑らかになるまで撹拌する（ココナッツの固さによっては、ブレンダー（ミキサー）がきちんと回転するよう、水が足りなければ加えて調節する）。
2. サイリウムハスクパウダーを加えて、完全に混ざるまで撹拌する。
3. ディハイドレーター用のノンスティックシート2枚に均等に広げる。
4. 38〜41℃のディハイドレーターで、約8時間乾燥させ、完全に乾燥するまで、ただし柔軟性のあるうちに乾燥を止める。

> **Memo**　ココナッツラップ（Raw Vegan Coconut Wraps）はjp.iherb.comで購入できます。

Dehydration Snacks and Breads, Crackers, and Wraps

基本のケールチップス

ポテトチップスに取って代わるヘルシーでおいしいスナックです。
お好みのフレーバーでお楽しみください。私のお気に入りは、海苔＆わさびマヨネーズ風味です。

材料 ディハイドレーターの3～4トレイ分　　**必要器具** ブレンダー（ミキサー）、ディハイドレーター

ケール ──── 約10カップ（560g）（茎を取り除く）

["チーズ"ソース]
カシューナッツ ── 1・1/4カップ（130g）（計量後浸水）
水 ──── 大さじ4
オリーブオイル ── 大さじ2
ニュートリショナルイースト ──── 大さじ2
レモン汁 ──── 大さじ1
りんご酢 ──── 小さじ1
塩 ──── 小さじ1/2又は適量

1. "チーズ"ソース用の、すべての材料をブレンダー（ミキサー）で滑らかになるまで撹拌する。
2. ボウルに移し、手でやさしくケールとよく混ぜ合わせる。
3. ディハイドレーター用のノンスティックシート数枚に、なるべく重ならないように広げる。
4. 41～46℃のディハイドレーターで、数時間程乾燥させる。
5. メッシュシートに反転し、完全に乾くまで乾燥させる。

Variation ・応用・

「サワークリーム＆チャイブ味ケールチップス」
チャイブ1/2カップ（刻む）、ニンニク1片、オニオンパウダー小さじ2、粗挽きコショウ小さじ1/2を"チーズ"ソースの材料と共にブレンダー（ミキサー）で撹拌してから、ケールと和える。

「スモーキースパイシーチーズ味ケールチップス」
ニンニク1片、オニオンパウダー小さじ2、チポレパウダー小さじ1、粗挽きコショウ小さじ1/2を"チーズ"ソースの材料と共にブレンダー（ミキサー）で撹拌してから、ケールと和える。

「アジアン海苔風味ケールチップス」
海苔1/2枚分、ダルス（ふのり）大さじ2、生醤油大さじ1を"チーズ"ソースの材料と共にブレンダー（ミキサー）で撹拌してから、ケールと和え、ディハイドレーター用のノンスティックシートに広げた後、軽くごまをふりかける。

「わさびマヨ味ケールチップス」
わさび大さじ1、メープルシロップ大さじ1を"チーズ"ソースの材料と共にブレンダー（ミキサー）で撹拌してから、ケールと和える。

照り焼き海苔ジンジャーアーモンド

醤油とショウガの風味がたまらない、和風せんべいのようなスナックです。サラダのトッピングとしても活躍します。

材料 2・1/2カップ分　**必要器具** ディハイドレーター

アーモンド	2・1/2カップ（280g）（計量後浸水）
生醤油	大さじ2
メープルシロップ	大さじ2
海苔	1枚（はさみで細く刻む）
ショウガ汁	小さじ2

1. すべての材料をボウルで混ぜ合わせる。
2. ディハイドレーター用のノンスティックシートに、均等に広げる。
3. 41〜46℃のディハイドレーターで、6〜8時間乾燥させる。
4. メッシュシートに反転し、完全に乾くまで乾燥させる。

スティックジャーキー

ローフードでは、ほんの少しも無駄がありません。どんなパテやディップでも、残れば翌日、スープに、ドレッシングに、又クラッカーやラップに変身できます。このスティックジャーキーは、料理のリサイクルにもってこいです。残り物が素敵なスナックに変身しますよ。

材料 お好みの分量　**必要器具** ディハイドレーター

海苔（1/4の大きさにカット）
残り物のディップやパテやバーガー等

1. 残り物のディップやパテ、バーガー等を大さじ2〜3、海苔の端2.5cmを残して均等に広げ、手前からしっかりと巻く。
2. ディハイドレーター用のメッシュシートにのせ、41〜46℃で、完全に乾くまで乾燥させる。

Desserts

デザート

チョコバナナクリームパイ

マイ・ドリーム・カム・トゥルー！チョコとバナナとクリームの夢の出会いの実現です！

材料 23cmのパイ1台分　**必要器具** ブレンダー（ミキサー）、フードプロセッサー、底が抜ける23cmのパイ型（18cmのパイ型を使用する場合は約半量でできます）

[クラスト]
- ヘーゼルナッツ ── 1・1/2カップ（140g）
- カシューナッツ ── 1/2カップ（65g）
- カカオニブ ── 大さじ2
- カカオパウダー ── 大さじ2
- 塩 ── 小さじ1/4
- デーツ（種を取り、ざく切り）── 1・1/4カップ（170g）

[チョコレートバナナクリームフィリング]
- カシューナッツ ── 2・1/4カップ（230g）（計量後浸水）
- バナナ ── 2本（皮をむいて240g）
- ココナッツネクター又はお好みの液体甘味料 ── 120ml
- 水 ── 大さじ4
- カカオパウダー ── 大さじ6（46g）
- バニラエキストラクト ── 小さじ1
- 塩 ── 小さじ1/4
- ココナッツオイル ── 120ml（固まっていたら溶かす）

[仕上げ]
- バナナ ── 4〜6本分（スライス）
- ドライクランベリー（オプション）── 大さじ1

1. クラストを作る。フードプロセッサーでデーツ以外のすべての材料を細かくなるまで回す。
2. フードプロセッサーを回しながら、デーツを少しずつ投入していく（最終的には握ると軽くくっつき、簡単に崩れる程度になる。デーツの柔らかさによって、必要であれば量を加減する）。
3. 軽く油（分量外）を塗ったパイ型にクラストを手でしっかりと押さえつけて敷き詰め、冷蔵庫に入れておく。
4. フィリングを作る。ココナッツオイル以外のすべての材料を、ブレンダー（ミキサー）で滑らかになるまで撹拌する。
5. ココナッツオイルを加え撹拌する。
6. クラストの上からフィリングの半量を注ぎ込み、スライスしたバナナの半量をのせる。
7. 残りのフィリングを上から注ぎ、残りのバナナをのせ、お好みでドライクランベリーを飾る。
8. 冷蔵庫で完全に固まるまで8時間程冷やす。

ラベンダーチーズケーキ

デザートにラベンダーを使うのが私のお気に入り！ とても上品で、一口一口が気分を高めてくれます。

材料 21〜23cmのケーキ1台分　**必要器具** ブレンダー（ミキサー）、フードプロセッサー、底が抜ける21〜23cmのケーキ型（18cmのケーキ型を使用する場合はレシピ約半量でできます）

[クラスト]
- アーモンド ——— 1・1/2カップ（140g）
- カシューナッツ ——— 1/2カップ（65g）
- カカオニブ ——— 大さじ2
- 塩 ——— 小さじ1/4
- デーツ（種を取り、ざく切り）——— 1・1/4カップ（170g）

[フィリング]
- カシューナッツ ——— 3・1/2カップ（360g）（計量後浸水）
- お好みのナッツミルク（→P163 テクニック章参照）——— 2カップ
- ココナッツネクター又はお好みの液体甘味料 ——— 120ml
- レモン汁 ——— 大さじ4
- ドライラベンダー ——— 小さじ2
- バニラエキストラクト ——— 小さじ2
- 塩 ——— 小さじ1/4
- ココナッツオイル ——— 190ml（固まっていたら溶かす）
（→軽い仕上がりにするには、下記メモ参照）
- レシチン ——— 大さじ2（なければ省略可）

[仕上げ]
- ドライラベンダー ——— 小さじ1

1. クラストを作る。フードプロセッサーでデーツ以外のすべての材料を細かくなるまで回す。
2. フードプロセッサーを回しながら、デーツを少しずつ投入していく（最終的には握ると軽くくっつき、簡単に崩れる程度になる。デーツの柔らかさによって、必要であれば量を加減する）。
3. 軽く油（分量外）を塗ったケーキ型にクラストを手でしっかりと押さえつけて敷き詰め、冷蔵庫に入れておく。
4. フィリングを作る。ココナッツオイルとレシチン以外のすべての材料を、ブレンダー（ミキサー）で滑らかになるまで撹拌する。
5. ココナッツオイルとレシチンを加え撹拌する。
6. クラストの上から、フィリングを注ぎ込み、上からドライラベンダーを散らし、冷蔵庫で完全に固まるまで8時間程冷やす。

Memo より軽く仕上げたい場合は、ココナッツオイルの分量120mlに減らして、アイリッシュモスペースト（→P168テクニック章参照）大さじ8（120ml）を加える。

簡単ブルーベリーシャーベット

あっという間に簡単でライトなシャーベットの出来上がり！

材料 3・3/4カップ分　**必要器具** フードプロセッサー

凍らせたブルーベリー	2カップ（140g）
凍らせたバナナ	2カップ（270g）
お好みのナッツミルク（→P163 テクニック章参照）	1・1/4カップ
ココナッツネクター又はお好みの液体甘味料	大さじ1〜2
バニラエキストラクト	小さじ1

1. フードプロセッサーですべての材料を滑らかになるまで撹拌する。
2. 凍らせたフルーツが完全に撹拌されたら出来上がり（必要であれば、冷凍庫で1時間程冷やしてしっかりと固まらせる）。

バニラアイスクリーム

私のお気に入りナンバーワンのアイスクリームフレーバー。

材料 4・1/2カップ分　**必要器具** ブレンダー（ミキサー）、アイスクリームメーカー（オプション）

カシューナッツ	2カップ（200g）（計量後浸水）
お好みのナッツミルク（→P163 テクニック章参照）	1・1/2カップ
ココナッツネクター又はお好みの液体甘味料	120ml
バニラエキストラクト	小さじ2
バニラビーンズ	1本分（縦半分に割り、種のみ使用）（オプション）
塩	小さじ1/8
レシチン	大さじ1（なければ省略可）
ココナッツオイル	大さじ2（固まっていたら溶かす）

1. レシチンとココナッツオイル以外のすべての材料を、ブレンダー（ミキサー）で滑らかになるまで撹拌する。
2. レシチンとココナッツオイルを加えてよく混ざるまで撹拌する。
3. アイスクリームメーカーに注ぎ込み、その使用方法に従う（アイスクリームメーカーがない場合は、容器に注ぎ、冷凍庫で冷やし、完全に凍る前に数回かき混ぜて空気を含ませる）。

Desserts

ジンジャーブレッドクッキー

クリスマスにもってこい！ 簡単に作れて、食べて楽しいクッキーです。

|材料| ディハイドレーターの1トレイ分　　|必要器具| フードプロセッサー、ディハイドレーター

ヘーゼルナッツ	3カップ（350g）
カカオパウダー	大さじ4
シナモンパウダー	小さじ1
ジンジャーパウダー	小さじ1/2
ナツメグパウダー	小さじ1/2
クローブパウダー	ひとつまみ
塩	ひとつまみ
デーツ（種を取り、ざく切り）	3・3/4カップ（510g）

1. フードプロセッサーでデーツ以外のすべての材料を細かくなるまで回す。
2. フードプロセッサーを回しながら、デーツを少しずつ投入していく（最終的には握ると軽くくっつき、簡単に崩れる程度になる。生地がドライでまとめられないようであれば、少しずつ水を足して生地が伸ばせる固さにする）。
3. 生地を軽くラップに包み、0.8cmの厚さに伸ばす。
4. ラップを外し、お好みの形にクッキー型で抜く。
5. ディハイドレーター用のノンスティックシートに並べ、41〜46℃のディハイドレーターで、2〜3時間乾燥させる。
6. メッシュシートに反転し、表面が完全に乾燥するまで、約8時間乾燥させる。

ピーカンオレンジマカ・エナジーボール

たくさん作ってみんなとシェアしましょう！

材料 3cmのボール14個分　　**必要器具** フードプロセッサー

ピーカンナッツ	2・1/2カップ（240g）
カカオパウダー	大さじ4
マカパウダー	大さじ1
バニラエキストラクト	小さじ1
オレンジの皮	小さじ1
塩	小さじ1/4
デーツ（種を取り、ざく切り）	1・1/4 カップ（170g）

1. フードプロセッサーでデーツ以外のすべての材料を細かくなるまで回す。
2. フードプロセッサーを回しながら、デーツを少しずつ投入していく（最終的には握ると軽くくっつき、簡単に崩れる程度になる。デーツの柔らかさによって、必要であれば量を加減する）。
3. ボウルに移し、約3cmの大きさのボール状にまとめる。

ミントスピルリナブリスボール

あっという間にスーパーエナジースナックの出来上がり！

材料 3cmのボール18個分　　**必要器具** フードプロセッサー

カシューナッツ	2カップ（200g）
ドライココナッツ	2/3カップ（75g）
スピルリナパウダー	大さじ1
ペパーミントエキストラクト	小さじ1/4（又はエッセンシャルオイル数適）
塩	小さじ1/4
デーツ（種を取り、ざく切り）	1・1/4カップ（170g）
レーズン（刻む）	大さじ4（40g）
カカオニブ	大さじ4（25g）
カシューナッツ（刻む）	大さじ4（30g）

1. カシューナッツ、ドライココナッツ、スピルリナパウダー、ペパーミントエキストラクト、塩をフードプロセッサーで細かくなるまで回す。
2. フードプロセッサーを回しながら、デーツを少しずつ投入し、均等になるまで回す。
3. ボウルに移し、残りのすべての食材を加えて混ぜ合わせる。
4. 約3cmの大きさのボール状にまとめる。

Techniques and Advance Preparation

基本のテクニック

ナッツミルク

|材料| 約3～4カップ分　|必要器具| ブレンダー（ミキサー）

お好みのナッツ又は種 ——————— 1カップ
水 ————————————————— 4カップ（→水の量は下記メモ参照）

1. ナッツ又は種をよく洗い、たっぷりの水（分量外）に浸水させる。（浸水時間はそれぞれ異なるので、P166本章 浸水時間表を参考にする）
2. 浸水後は水を捨て流水で洗い、ザルにあげる。
3. 分量の水とナッツ又は種を、粒がなくなるまでブレンダー（ミキサー）で撹拌する。
4. ナッツミルクバッグやガーゼ布で濾す。（冷蔵庫で数日保存可能）。

Memo

ナッツと水の分量比
ナッツと水の分量比は1：4が基本ですが、お好みの濃度に合わせて水の量を加減してください。ヘンプシードやカシューナッツ、松の実等はとても柔らかく搾りかすがほとんど残らないので、ナッツミルクバッグやガーゼ布等で濾す必要はありません。そのためナッツと水の比率を1：5にしてもよいでしょう。ドライココナッツは硬くて繊維がたくさんあるので、ココナッツと水を1：2～3にするのが理想的です。ドライココナッツは寒い気候下では油分が水と分離して固まってしまうので、特に寒い季節は冷たい水を使わず、ぬるま湯を使用するとよいでしょう。

ココナッツクリーム
ココナッツクリームを作るには、濃いめに作ったココナッツミルクを冷蔵庫で数時間冷やします。このとき水分と油分が分離して、上で固まるのがココナッツクリームです。このほか、固いココナッツの実を低速ジューサーに通すことでも簡単にできます。

ナッツパルプ
ナッツミルクを絞った後に残るかすを、ナッツパルプと呼びます。冷凍庫で3ヶ月保存可能です。ハンバーグ、パテ、パンやクラッカーに活用できます。

ナッツフラワー
ナッツパルプをディハイドレーターで完全に乾くまで乾燥させ、ブレンダー（ミキサー）やミルミキサーで粉末状にしたものを、ナッツフラワーと呼びます。3ヶ月保存可能。クッキーやケーキの小麦粉の代用品として活躍します。（ココナッツフラワーは市販のものもあります。）

ナッツパルプ、ナッツフラワーの計量
商品や作り方によって重さが異なるため、計量は、重さでなく容量で示しています。

Techniques and Advance Preparation

ナッツや種の活性化

酵素やその栄養素を最大限に取り入れるためには、ナッツや種を活性化する必要があります。ナッツや種に存在する、"酵素阻害物質"とフィチン酸を除去することが大事な鍵となります。浸水することで、その種の発芽を抑制し私たちの消化と吸収を阻止する"酵素阻害物質"を中和することができます。また、ナッツや種は、フィチン酸を含んでいて、それが特定のミネラルとくっつき、私たちの体内でミネラルが吸収できにくくしてしまいます。浸水することにより、フィチン酸は形を変え、栄養素が体内で利用できるようになります。これらの栄養素阻害物質が中和されることで、生命力や栄養素は、私たちの体内で、フルパワーの可能性を発揮します。

浸水方法

1. よく洗いたっぷりの水に浸す（浸水時間は固さや大きさによってそれぞれ異なる。ごま等の小さな種類は数時間浸水させるだけでよく、アーモンド等大きく固いナッツは8〜12時間程かかります。（浸水時間はP166本章発芽時間表を参照）
2. 浸水後は水を捨て流水で洗い、ザルにあげる。これで浸水が必要なレシピで使う準備の出来上がり。

活性化ナッツの乾燥方法

レシピで、浸水の指示がない場合は、ドライの（乾燥した）ナッツを使うという意味です。理想的には活性化しているナッツを使うことで、最大限の栄養素や生命力を取り入れることができるので、できれば一度浸水させてから、ディハイドレーター又は、天日で完全に乾燥させてから使うことをおすすめします。

Memo 本書では、ナッツや種の分量はすべて浸水前の分量です。浸水後に計量する場合は、浸水によりかさが増すため1.2〜2倍で計算してください。（ナッツや種のそれぞれの浸水後の算出はP166本章の発芽時間表を参照）

スプラウト（発芽）方法

1. よく洗い、たっぷりの水に浸す。（浸水時間はそれぞれ異なる。）（浸水時間はP166本章の浸水時間表を参照）
2. 浸水後は水を捨て流水で洗い、ザルにあげる。
3. ザルにあげたその上からキッチンタオル等でおおい、直射日光をさけて室温（13℃〜21℃）に置く（又は口の広いガラス容器に入れ、ガーゼで口を覆って輪ゴムで止めたあと、45℃斜め下に傾けて直射日光をさけながら室温に置く）。
4. 1日に2回程（暖かく湿った気候下では3〜4回程）、流水で種を洗う。

ほとんどの種は1〜2日で発芽を始めます。ひとたび発芽すれば食べることができますが、ヒマワリの種やアルファルファ等は、さらに3日ほど置いておくと小さな緑の葉を出して、より栄養価が高くなり消化もしやすく、特にクロロフィルの含有量を増します。

Memo

蕎麦の実の発芽ポイント
蕎麦の実は、浸水するとぬめりが出ます。浸水前によく洗いましょう。浸水後は、水を切り、ぬめりがなくなるまで根気よく洗い流します。ぬめりがとれたら、ザルに上げて、ガーゼや薄いタオルをかぶせ、直射日光をさけながら室温に置きます。1日に2、3回は、流水で種を洗いましょう。1〜2日で発芽します。

キヌアの発芽ポイント
キヌアは浸水する前に必ずよく洗います。浸漬する前に洗い流してください。キヌアの表面にはサポニンという苦み成分があります。流水で2〜3分間細かいストレーナーでよくすすぎましょう。

浸水・発芽時間表

種類	浸水時間	浸水後の出来上がり量
アーモンド	浸水8〜12時間	1カップ＝1・1/2カップ
ブラジリアンナッツ	浸水なし又は2〜4時間	1カップ＝1カップ
カシューナッツ	浸水2〜4時間	1カップ＝1・1/2カップ
ヘーゼルナッツ	浸水なし又は4〜8時間	1カップ＝1カップ
マカダミアナッツ	浸水なし又は2〜4時間	1カップ＝1カップ
ピーカンナッツ	浸水8〜12時間	1カップ＝1・1/2カップ
松の実	浸水なし又は2〜4時間	1カップ＝1・1/4カップ
クルミ	浸水8〜12時間	1カップ＝1・1/2カップ

種類	浸水時間	浸水後の出来上がり量	発芽にかかる時間
アルファルファ等※	6〜12時間	大さじ3＝4カップ	3〜6日
そばの実（外皮なし）	6時間	1カップ＝2カップ	1〜3日
フラックスシード	6時間	1カップ＝2カップ	発芽なし
ひよこ豆	12〜48時間	1カップ＝4カップ	2〜4日
レンズ豆	8時間	3/4カップ＝4カップ	2〜3日
緑豆	8時間	1/3カップ＝4カップ	3〜5日
オート麦（外皮なし）	8時間	1カップ＝1カップ	1〜2日
エンドウ豆	8時間	1カップ＝3カップ	2〜3日
カボチャの種	6時間	1カップ＝2カップ	1〜2日
キヌア	3〜4時間	1カップ＝2カップ	2〜3日
ごま（外皮なし）	8時間	1カップ＝1・1/2カップ	発芽なし
ごま（外皮あり）	4〜6時間	1カップ＝1カップ	1〜2日
ヒマワリの種（外皮なし）	6〜8時間	1カップ＝2カップ	1日
小麦	8〜10時間	1カップ＝3カップ	2〜3日
ワイルドライス	12時間	1カップ＝3カップ	2〜3日

※ブロッコリー、キャベツ、クローバー、ケール、フェヌグリーク、マスタード、大根等

フラックスシード&チアシードの粉末

フラックスシードとチアシードは、卵や小麦粉の代わりとして、ロークラッカーやローブレッドの生地のつなぎになります。

フラックスシード又はチアシード ── 3/4カップ（粉末にすると約1カップになる）

1. コーヒーグラインダー又はブレンダーで粉末状にする。
2. ブレンダーを使用している場合は、一番ハイパワーで始める（ゆっくりのスピードで始めると、底の部分だけがペースト状になってしまうので、1〜2カップ分ずつ回すことで均等に粉末状にすることができる）。
3. 粉末状にすると、種の油が劣化しやすいので、必要な度に粉末にする（粉末にしたものが残った場合は冷凍庫で保存し、酸化を最小限に防ぐ）。

> **Memo**
> クラッカーやパン用等のつなぎとして使うフラックスシードは、半量のチアシードで置き換え可能です。（粉末フラックスシード1カップ＝1/2カップの粉末チアシード）

みじん切りニンニクのオイル漬け

1. ニンニクをみじん切りし、オリーブオイル等のお好みのオイルを上から注ぐ（フードプロセッサーを使ってみじん切りにすると簡単）。
2. 変色や痛みを防ぐため、ニンニクが完全にオイルに浸かるようにする。

> **Memo**
> 冷蔵庫で保管しましょう。ニンニクを必要とするレシピすべてに活用できます。ニンニク1片はニンニクのオイル漬け約小さじ1/2に置き換えられます。

アイリッシュモス・ペースト

1. アイリッシュモスを冷たい流水でよく洗う。
2. ボウルに冷水を入れて洗い、ボウルの水が透明になるまで数回水を替えながら洗う。
3. 室温でたっぷりの冷水に3～4時間、又は冷蔵庫で8時間ほど浸す。
4. 3をすすぎ、水を切る。
5. 浸水したアイリッシュモス1カップに対して、約1/2カップの水とともにハイパワーのブレンダー（ミキサー）で撹拌する（完全に溶けて少し温かくなるまで約数分かかる）。
6. ゼラチン状になったところで完成。

Memo
冷蔵庫で1週間以上保存可能。
アイリッシュモスが手に入らない場合、ローにはなりませんが、寒天で代用してもよいでしょう。アイリッシュモスペースト1/2カップ分は、寒天粉小さじ1/2を沸騰したお湯1/2カップで約1分煮溶かした液体で代用できます。

デーツペースト

1. 種を取ったデーツを容器に押し込むように入れる。
2. デーツがぎりぎりに浸るくらいの水で30分浸す（デーツの乾燥具合により水分は調節する）。
3. 浸水させた水と共にフードプロセッサーにかけ、ピューレ状にする（フードプロセッサーがきちんと回転するように必要であれば少量の水を加える）。

Memo
冷蔵庫で1週間以上保存可能。

液体甘味料（シュガーシロップ）

粉末又は顆粒状の甘味料（てん菜糖、ココナッツシュガー等）1カップに対して、水1/3カップを合わせて完全に解けるまでブレンダーで撹拌する。

Memo
液体甘味料（ココナッツネクター、アガベシロップ、メープルシロップ、蜂蜜等）の代わりにも使えます。冷蔵庫で1ヶ月程保存可能。

ディハイドレーション（乾燥）

ディハイドレーターとは、オーブンのローフードバージョンのようなもの。食べ物の水分を蒸発させる乾燥機で、48℃以上になると破壊されてしまう食材の酵素や栄養素を破壊せずに乾燥させることができます。あなたの創造性をもっと広げたいときに活躍する楽しいアイテムです。浸水・発芽させたナッツや種を乾燥させたり、クラッカーやパン、クッキー等をつくったり、ドライトマトやハーブを乾燥させたり、寒い季節にはスープ等を温めることもできます。

ディハイドレーションの方法

1. クラッカーやラップ等を作る場合は、生地をディハイドレーター用のノンスティックシートに均等に広げ、ディハイドレーターに入れる。（トマトや、キノコ、フルーツ、ハーブ等を乾燥させる場合には、メッシュシートに直接のせる）。
2. ディハイドレーターの温度を41〜46℃に設定し、表面が完全に乾燥するまで、約8時間乾燥させる。
3. 表面が完全に乾燥したら、メッシュシートに反転し、完全に乾くまで乾燥させる。

Memo

通常酵素や栄養素を壊さないために、ディハイドレーターの温度を41〜46℃にセットしますが、水分量によって食べ物内部の温度が設定通りに上がるまで数時間かかるので、最初の数時間は57℃まで温度を上げても大丈夫とされています。それによって、ディハイドレーションの行程を早めることができます。2〜3時間後、設定温度を41〜46℃まで下げてください。

気候条件が温度設定と乾燥にかかる時間に影響することを念頭においてください。暑くて湿度の高い気候下では乾燥に時間がかかるので、最初は温度を高めに設定してもよいでしょう。特にそばの実やオーツ麦は乾燥に時間がかかり、酸っぱくなるのを防ぐために最初は高温に設定することをおすすめします。

Glossary
用語集

チアシードは、必須不飽和脂肪酸のオメガ3と6を理想的なバランスで、豊富に含みます。必須アミノ酸がすべて含まれていて、消化・吸収しやすいのが特徴です。

チポレとは、ハラペーニョの燻製を乾燥させたものです。

カレーリーフは、東南アジアの料理に広く使用され、独特の風味や香りを料理に追加します。

ダルス（ふのり）とは、紅藻です。鉄やヨウ素、マンガン等の多くの微量ミネラルの優れた供給源です。

ゴジベリー（クコの実）は、美容と強壮、老化防止と長寿のための奇跡のスーパーフルーツとして、古代中国からの長い歴史を持っています。強力な抗酸化作用があり、フリーラジカルによる細胞の損傷を防ぎます。

アイリッシュモスは、海藻で、トチャカともいわれます。アミノ酸、ビタミン、ミネラルを豊富に含みます。アイリッシュモスはローデザートのプディング、ムースやケーキを作るためのゼラチンの代わりに活躍します。また、スムージー、ドレッシングやスープ等にとろみを加えるのにも役立ちます。

ケルプヌードル（海藻麺）は海藻から抽出したアルギン酸で作られた、食物繊維が多く含まれる海藻麺です。プチプチと弾ける食感が楽しめます。

大豆レシチンは、大豆のオイルから抽出したものです。マヨネーズ等の油と水の乳化剤として使用したり、ローチョコレートやローケーキのフィリング等を乳化させるときにも使用できます。ヒマワリの種から抽出したサンフラワーレシチンもあります。

ルクマは、ビタミン、ミネラルを豊富に含んだ、南米の果物です。ルクマパウダーは、豊かでクリーミーな舌触りのある、微妙なメープル風味を持ちます。比較的GI値が低いので、ヘルシー甘味料として、スムージーやアイスクリーム、チョコレート等に活躍します。

マカは、"ペルーの朝鮮人参"と呼ばれ、滋養強壮、精力増強、ホルモンの活性化とエネルギー・スタミナの向上に役立つとされています。

メスキートパウダーは、メスキートの木から、豆の入った鞘を収穫し、粉状に挽いたパウダーです。栄養豊富で、甘くスモーキーなキャラメルのような風味はデザートに活躍します。

ニュートリショナルイーストは、サトウキビと糖蜜で作られた殺菌済みの酵母です。チーズのような風味があり、タンパク質やビタミン、特にビタミンB群を多く含み、ヴィーガンの間でチーズの代用として人気があります。風味はややかわりますが、白味噌で代用可能です。

プロバイオティクスとは、生きたまま腸まで到達し、腸内に定住し増殖する乳酸菌です。人体によい影響を与える微生物。または、それらを含む製品、食品をプロバイオティクスと呼びます。抗菌力があり、胃酸で死滅せず、腸内で定住して増殖し、腸内環境を整えて体内環境をよくするものとされます。

サイリウムハスクパウダー（オオバコパウダー）とは、オオバコの一種からとれる天然食物繊維豊富のサイリウムの種をパウダー状にしたものです。ローフードでは、ラップやプディング等に活躍します。

スピルリナとは、35億年以前から生息する、青緑色の藻類（そうるい）です。成分の約60％以上も占める良質で吸収されやすいタンパク質を含む、栄養密度の非常に高い、強力なスーパーフードの一つです。

甜麺醤（テンメンジャン）とは、中華甘みそ、砂糖入りの甘くて黒い味噌です。

豆板醤（トウバンジャン）とは、ソラマメ・唐辛子・塩を発酵させた辛い味噌で、中国の代表的な調味料です。

ありがとう!

みんなと愛とおいしさをシェアできることに感謝します!

Thanks to you all!

It s a bliss to be able to share the love and yummies with you all!

Sayuri's Cook Book　Vol.1

シリーズ本のご紹介

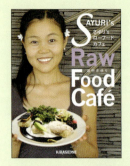

Sayuri's Raw Food Café
さゆり's ローフードカフェ

小社刊／ISBN 978-4-906913-24-4／定価1,500円＋税

リトリートオーガナイザー、シェフ、ローフード講師として世界で活躍してきた著者が、各国の料理をローフードでアレンジしたメインディッシュが必見の一冊。日本をはじめ、イタリア、メキシコ、ギリシャ、タイ、インド、などの国際色豊かな料理を食べて世界を旅する気分を満喫しましょう。その他、サラダ、スープ、スムージー、スウィーツなど、日常の食事に取り入れやすいレシピが揃っているので、様々なシーンで活躍しそうです。

1. にぎり寿司三種　アボカド握り、ココナッツ"イカ"、"うなぎ"の照り焼き風　2. "エッグ"ベネディクト　3. タイ風バジルスナック　4. ズッキーニラップ　5. パッタイヌードルwithアーモンドチリソース　6. バニラチアポリッジ　7. ルジャック ～スパイシーなフルーツピクルス～　8. ナムル ～韓国風ピクルス～、コリアンくるみ味噌、ジンジャーライス　9. コフタコロッケ

Sayuri's Cook Book Vol.2

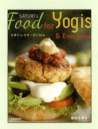

**Sayuri's Food for Yogis & Everyone
さゆり's ヨギーのごはん**

小社刊／ISBN 978-4-906913-42-8／定価 1,500 円＋税
世界各地のリトリートセンターでヨギーのために作ってきた料理の中で、特に人気のある美味しくて栄養価の高いレシピをまとめた 2 冊目の著書。ボリューム満点で食欲がそそる料理は、ヨギーにパワフルなエネルギーを与えてくれます。全てヴィーガンでヘルシー、そして簡単なので、全ての人に喜んでもらえるレシピ集です。

Sayuri's Cook Book Vol.3

**世界最強・最新 ロー・ヴィーガン・スウィーツ
グルテンフリー＆パレオダイエット**

小社刊／ISBN 978-4-906913-57-2／定価 1,600 円＋税
ローフード＆ヴィーガントップシェフによる 3 冊目となる本書は、栄養豊富なスーパーフードや生ハチミツを使用したスウィーツ、ロー・ヴィーガンスウィーツなどを 100 種類以上集めた完全保存版！あなたの人生が変わる！？自他とも認めるスウィーツ好きの著者の夢のような美味しいヘルシー＆ビューティーレシピが満載です。

veggy Books

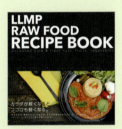

LLMP RAW FOOD RECIPE BOOK

LIVING LIFE MARKETPLACE
1,800 円＋税／ISBN 978-4-906913-13-8
ローフード専門店 LLMP のレシピ集。カレー、ケーキ、チーズ、ナッツフライドチキンなど、基本から応用まで楽しめる。洋書のような装丁が人気。

スーパーフード図鑑＆ローフードレシピ

LIVING LIFE MARKETPLACE
1,400 円＋税／ISBN 978-4-906913-29-9
世界中が注目する最先端の食、日本初のスーパーフード図鑑。驚くべき効果・効能を最大限に引き出すレシピも満載。スープやパスタなどのレシピも。

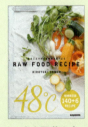

**まるごとそのまま野菜を食べよう
RAW FOOD RECIPE 増補改訂版**

土門大幸
1,400 円＋税／ISBN 978-4-906913-26-8
北海道のローフードカフェ LOHAS のオーナーでローフードシェフの著者が教える、初心者にもやさしく、毎日続けられるレシピが満載。

はじめてのローチョコレート

veggy 特別編集／齋藤志乃、前田直宏、羽田賀恵、シンヤチエ、松田すみれ、狩野玲子
1,500 円＋税／ISBN 978-4-906913-16-9
食べてキレイになるサプリのようなローチョコの世界。基本から応用まで。

とっておきのローフードレシピ 88

加藤馨一
1,143 円＋税／ISBN 978-4-906913-05-3
明るく気軽なローベジを推奨する CAFE&BAR レインボー・ローフードのレシピ集。酵素玄米ご飯のメニューや、人気のナッツの巻き寿司も。

RAWFOOD & BEAUTY RECIPE 60

土門大幸、安藤夏代、堀川久美子
1,300 円＋税／ISBN 978-4-906913-45-9
世界初の多機能調理器ドライフードエアーを使ったローフードレシピ。プロが伝授するオリジナルレシピは必見です！

Sayuri's Raw Food Café vol.2
幸せ体質になる腸活レシピ
ヴィーガン・グルテンフリー・ローフード・スーパーフード

発行日　2018年10月10日初版発行

著者　　田中さゆり

発行者　　吉良さおり
発行所　　キラジェンヌ株式会社
　　　　　〒151-0073東京都渋谷区笹塚3-19-2青田ビル2F
　　　　　TEL：03-5371-0041／FAX：03-5371-0051
印刷・製本　　モリモト印刷株式会社

定価はカバーに表示してあります。落丁本・乱丁本は購入書店名を明記のうえ、小社宛にお送りください。送料小社負担にてお取り替えいたします。本書の無断複製（コピー、スキャン、デジタル化等）ならびに無断複製物の譲渡および配信は、著作権法上での例外を除き禁じられています。本書を代行業者の第三者に依頼して複製する行為は、たとえ個人や家庭内の利用であっても一切認められておりません。

©2018 KIRASIENNE.Inc Printed in Japan
ISBN978-4-906913-80-0 C2077

カバー写真──宗野歩
デザイン────久保洋子
編集・校正──田上智美